Dieses Buch ist den Kindern im Kindergarten „God's little angels" in Masiphumelele in Kapstadt/Südafrika und in der Kindertagesstätte „St. Hildegard" in Viernheim gewidmet – und all den Menschen, die es sich zur Aufgabe gemacht haben, nasse, zerrissene und etwas unansehnliche Bären, die im Sperrmüll gelandet sind, dort herauszuholen und ihnen wieder Freude am Leben zu schenken.

Ein **Bär fliegt** nach **Südafrika**

Kindergartengeschichten
zum Vorlesen

erzählt von Andrea Schwarz
mit Bildern von Susanne Wechdorn

KeRLE

Freiburg · Wien · Basel

Inhalt

Wie es begann ...

Zugegeben, es ist eine etwas seltsame Geschichte, diese
Geschichte von Masi und Pummele – aber diese Geschichte,
die ich Euch jetzt erzählen werde, ist wahr – und deshalb
ist sie vielleicht auch ein wenig seltsam. Wahre Geschichten
sind oft ein wenig seltsam.

Masi ist eine Giraffe. Aber eigentlich ist das schon ein bisschen falsch. Masi ist nicht nur eine Giraffe, sondern sozusagen ein Prachtexemplar einer Giraffe. Zur Welt kam Masi in einer Kindertagesstätte in Viernheim, einer kleinen Stadt in Deutschland – und es waren Kinder, denen Masi ihr Leben verdankt. Sie ist eine unsagbar schöne Giraffe, groß und schlank und gelb mit bunten Flecken. Aber was diese Giraffe wirklich einzigartig machte, das war die Liebe der Kinder, die sie gemacht hatten – und weil sie sie liebten, hatten sie sie am ganzen Körper mit wunderschönen Malereien und ganz, ganz vielen Edelsteinen verziert. Kurz – Masi war eine bildschöne Giraffe. Sie war sogar schon auf einer Ausstellung gewesen, aber die Kinder hatten darauf bestanden, dass Masi zu ihnen zurückkehren müsse, und so stand sie jetzt in einem Raum in der Kindertagesstätte und wurde bewundert – und war ein bisschen einsam. Denn immer nur bewundert zu werden, macht ja schließlich auch keinen Spaß.

Und das hätte ewig so weitergehen können, wenn nicht eines Tages …

Ein großer, nasser Bär wird gerettet!

Gegenüber der Kindertagesstätte wohnte eine Schriftstellerin – und als die eines Morgens mit ihrem Auto wegfuhr, sah sie auf der Straße am Nachbarhaus einen großen, großen Bären sitzen, ein bisschen verloren zwischen Gardinenstangen und ausgedienten Regalen, Holzbrettern und schwarzen Koffern. Sperrmülltag war angesagt, und inmitten von all diesem Müll saß dieser große Bär und schaute ein bisschen traurig vor sich hin. Natürlich war unsere Schriftstellerin mal wieder ein wenig zu spät dran, und so dachte sie nur: Wenn ich nachher wiederkomme und der Bär sitzt immer noch da, dann muss ich unbedingt ein Foto machen. Aber den nimmt doch garantiert jemand mit – so ein Bär findet sicherlich schnell ein neues Zuhause!

Aber den großen, großen Bären nahm niemand mit, da konnte er so traurig gucken, wie er wollte. Zugegeben, so ganz attraktiv sah er auch nicht mehr aus, sein Fell war nass geregnet, das Band um seinen Hals, das einmal eine schöne Schleife gewesen war, hing herunter, und ein paar Schaumstoffflocken lagen um ihn herum. Mit so einem gibt sich keiner ab! Und was kann schon Interessantes an dem dran sein, wenn ihn jemand zum Müll gibt!

Kurz und gut, als Andrea, so hieß unsere Schriftstellerin, zurückkam, saß der große, große Bär immer noch da – inmitten all des Sperrmülls. Andrea konnte nicht so recht sagen, was es genau war – aber irgendwas berührte sie. Und dann holte sie erst einmal ihren Fotoapparat und fotografierte diesen großen, großen Bären mitten in all dem Sperrmüll.

Die ältere Frau, vor deren Haus der Sperrmüll stand und die gerade im Garten arbeitete, sah das und schaute ein wenig skeptisch. Kein Wunder – was konnte man an Müll schon finden, um ihn zu fotografieren? Andrea fragte leise: „Soll der Bär wirklich weg? Er ist so hübsch!" – „Ja, aber er ist kaputt! Sehen Sie hier, da ist sein Fell aufgeplatzt! Das müsste man nähen!", sagte die ältere Frau.

„Vielleicht", dachte Andrea laut nach, „vielleicht hat die Kindertagesstätte Interesse an dem Bären?" – und die ältere Frau widersprach nicht. Und – konnte es sein, dass der Bär wirklich ein bisschen weniger traurig dreinschaute?

„Ursula, kannst du bitte mal rüberkommen? Ich muss dir was zeigen!", sagte Andrea am Telefon zur Leiterin der Kindertagesstätte. Und Ursula kam – und sah den Bären. „Sag mal, könnt ihr den Bären nicht brauchen? Der ist doch wunderschön!" – „Der ist viel zu groß, und wir haben eh keinen Platz, und wo soll er denn hin!?" Zugegeben, Ursula war nicht begeistert von dem Gedanken, einem großen, nassen Bären aus dem Müll Obdach zu gewähren. „Aber er tut mir irgendwie leid", sagte die Schriftstellerin. Ursula schwieg einen Moment und sagte dann: „Mir eigentlich auch! Aber die Kolleginnen werden mich steinigen, wenn ich mit dem ankomme!" – „Vielleicht kann man ihn an jemanden verschenken, der ihn mag? Oder …", plötzlich war eine Idee im Raum, „demnächst geht doch ein Container nach Masiphumelele – warum schickt ihr ihn nicht zu eurem Partnerschaftskindergarten nach Südafrika?" Ursula dachte einen Moment nach, untersuchte den Bären und sagte: „Na ja, der Riss muss genäht werden" – und klemmte sich den großen, großen Bären unter den Arm.

Dann drehte sie sich zu Andrea um und sagte nur: „Du kommst jetzt aber mit! Du sollst auch hören, was die Kollegen sagen!" – und Andrea ging mit.

Als der Bär in der Kindertagesstätte auf dem Flur abgesetzt wurde, tropfte er ein bisschen vor sich hin – und als Florian gerade vorbeikam, da war ihm dieses große Tier alles andere als geheuer. Immerhin – der Kerl war doppelt so groß wie er! Da konnte man wirklich nicht wissen …

Aber so im Laufe des Tages kamen die Kinder immer ein klein bisschen näher – und plötzlich tauchte die Frage nach dem Namen auf. Nein, der große, große Bär hatte keinen Namen – zumindest kannte ihn keiner. Lotte, das kleinste aller kleinen Mädchen im Kindergarten, hatte eine Idee: „Der ist so pummelig – das ist der Pummele!"

Und als der große, große Bär diesen Namen hörte, ist eine kleine Träne an seiner Bärenwange heruntergerollt – wenigstens glaube ich das …

Aber das ist ja eigentlich auch kein Wunder: Da fühlt man sich vollkommen überflüssig und ungeliebt, wird zum Müll dazugestellt, um entsorgt zu werden, hat keine Freunde mehr, kein Dach über dem Kopf – und dann nimmt dich einer unter den Arm, so nass du auch bist, und bringt dich ins Trockene, und da sind Kinder um dich herum, die dir einen Namen geben und dich streicheln – da kann man ein noch so großer Bär sein, da läuft einem schon die eine oder andere Träne die Wange herunter!

Als die Schriftstellerin aber fünf Minuten später dorthin zurückkam, wo sie den großen Bären gefunden hatte, hatte der Müllwagen den Sperrmüll bereits eingesammelt.
Der große, große Bär war genau um fünf Minuten seinem Schicksal entkommen.

Nächtliche Gespräche

Der Abend war hereingebrochen, die Kinder waren
schon längst wieder zu Hause, die Erzieherinnen hatten
Feierabend gemacht – und auch die beiden Putzfrauen
hatten den Kindergarten schon lange verlassen.
Ursula hatte Pummele neben Masi, die wunderschöne
Giraffe, gesetzt: die eine mit Edelsteinen besetzt, der andere
ein bisschen ramponiert, gerade dem Sperrmüll entronnen.
Und sein Fell war immer noch nicht ganz trocken. Aber
– die beiden schienen sich zu mögen.
Der große Bär hatte sich nah an die Giraffe mit den dünnen
Beinen geschmiegt – und die Giraffe hatte ihren langen
Hals auf die Schulter des Bären gelegt. Beide waren müde
– es war ja auch ein aufregender Tag mit vielen Erlebnissen
gewesen!

Aber Pummele wollte noch etwas wissen: „Sag mal", fragte er, „Masi – das ist doch eigentlich gar kein richtiger Name! Den hab' ich ja noch nie gehört!"

„Stimmt", sagte Masi. „Der kommt aus Südafrika. Dort leben die Kinder ganz anders als bei uns. Viele haben wenig zu essen, und Spielzeug gibt es auch nicht. Und deswegen haben unsere Kinder beschlossen, den Kindern in Südafrika zu helfen." – „Ja, aber der Name?" Pummele war nicht ganz klar, worauf Masi hinauswollte. „Ach so, entschuldige. Der Kindergarten in Südafrika ist in einem Viertel, das Masiphumelele heißt, na ja, Viertel, eine Barackensiedlung halt, wo arme Menschen wohnen. Und deshalb haben mich die Kinder hier ‚Masi' genannt, denn ich bin immer dann dabei, wenn irgendwelche Aktionen für den Kindergarten in Südafrika gemacht werden."

„Och, das ist aber schön", brummte der Bär leise und ganz gerührt, „dass Kinder anderen Kindern helfen!"

Plötzlich aber wurde der große, müde Bär ganz hellwach: „Sag mal, wie hat mich das kleine Mädchen heute Nachmittag genannt? Pummele?" –

„Ja, so hab' ich es wenigstens verstanden", sagte Masi.

„Aber, aber – das hört sich ja fast wie „Phumelele" an. Und wenn wir beide zusammen, du und ich, Masi und Pummele heißen, dann ist das ja fast so, als ob …!"

Masi streckte ihren langen Hals erstaunt in die Höhe: „Ja, das ist fast so, als ob wir beide mit unseren Namen für die Freundschaft zwischen dem Kindergarten hier und dem Kindergarten in Südafrika stehen!?"

„Warst du schon mal bei den Kindern in Südafrika?", fragte Pummele. „Nein, das ist doch ganz weit weg!", erklärte Masi. „Wie weit?" Pummele wollte es ganz genau wissen. „Ich hab' Ursula mal sagen hören, dass man da eine ganze Nacht lang mit dem Flugzeug unterwegs ist", antwortete Masi. „Eine ganze Nacht?", staunte Pummele. „Hm", machte die Giraffe und gähnte dabei herzhaft, „lass uns für heute erst mal schlafen, es war ein langer Tag – für uns beide!"
Und die zwei kuschelten sich wieder aneinander – und als der Mond freundlich zum Fenster reinschaute, waren beide eingeschlafen.

Pummele wird gebadet

In dieser Nacht schlief der große Bär tief und fest. Nur einmal wachte er auf, weil er geträumt hatte, dass er mitten in der Nacht irgendwo auf der Straße sitzt, allein und verlassen. Aber dann sah er Masi neben sich, hörte ihren Atem und dachte erleichtert: „Ach, ich bin ja im Kindergarten!" – und schlief wieder ein.

Am Morgen kam Tanja zu den beiden und begrüßte sie: „Hallo, Masi, hallo, Pummele!" Dann nahm sie den großen Bären und setzte ihn auf den Tisch: „So, jetzt lass dich mal

genauer angucken! Du brauchst auf jeden Fall eine neue
Schleife um deinen Hals … und da ist ein ziemlicher Riss
in deinem Fell, den müssen wir nähen! Und baden müssen
wir dich, du bist ganz schön dreckig!" Nähen?? Baden???
Pummele wurde es ganz anders! Er schaute Hilfe suchend
zu Masi rüber, aber die zwinkerte ihn nur an und flüsterte:
„Baden ist toll! Anschließend riecht man ganz fein!" So ganz
überzeugt war Pummele noch nicht, aber er hatte wohl
keine Wahl.

Als Tanja zurückkam, brachte sie Michelle, Natascha,
Björn, Lucas und Sabrina mit – und eine Nadel mit Faden.
Sie legten den großen Bären auf den Tisch, und Michelle
streichelte ihn ganz lieb und sagte: „Jetzt machen wir
dich richtig fein!" Pummele hatte ein wenig Angst, aber
die Kinder waren so lieb zu ihm, die würden schon nicht
zulassen, dass ihm etwas Schlimmes passiert!
Tanja schob ihm noch ein Kissen unter den Kopf und meinte
dann: „Kann sein, dass es jetzt ein wenig piekst, Pummele.
Aber wenn wir diesen Riss nicht zunähen, wird er immer
größer. Und dann setzen wir dir einen großen bunten
Flicken auf die Stelle, damit man die Naht nicht sieht! Okay
so?" – Pummele nickte. Tanja würde schon wissen, was für
ihn gut ist!

Ja, es piekste ein wenig. Aber die Kinder erzählten ihm so viel und lenkten ihn ab, so dass Pummele gar nicht richtig mitbekam, was Tanja da mit ihm anstellte. Und einmal musste er so heftig lachen, dass Tanja glatt die Nadel aus der Hand fiel. „Pummele, wenn du nicht ruhig hältst, krieg' ich keine gerade Naht hin – und du willst doch schön aussehen, oder?"

Schließlich war es geschafft, der Riss war sauber vernäht, und ein bunter Flicken verdeckte die Naht. Auf die Brust hatte Tanja ihm ein schönes, rotes Herz genäht, und auf einem Knie, wo das Fell ein wenig abgeschabt war, einen kleinen bunten Stoffrest mit vielen Blumen drauf. Pummele schaute an sich herunter, und er musste zugeben: Es sah gar nicht schlecht aus! So einen Bären wie ihn gab es garantiert nicht noch mal!

„Prima!", rief Natascha. „Und jetzt baden wir dich!"
– und alle fünf Kinder trugen den Bären ins Badezimmer hinüber und setzten ihn in die Badewanne. Tanja drehte den Wasserhahn ein wenig auf – puh, war das nass! Aber Pummele kam nicht groß zum Nachdenken. Die Kinder hatten sich Handtücher genommen und sie feucht gemacht und fuhren damit über das Fell des Bären und rieben und rubbelten ihn ab. „Huch, das kitzelt!", rief Pummele

plötzlich, als jemand an seinen Bauch kam. „Pummele
ist kitzlig", rief Björn, vollkommen begeistert. Und dann
machten sich alle einen Spaß daraus, mit ihren feuchten
Tüchern seine Arme und Beine abzuwischen und so ganz
nebenbei immer mal wieder auf seinen Bauch zu kommen.
Und jedes Mal quietschte Pummele, drehte und wand sich
und kicherte vor sich hin.
Und dann holte Tanja das Shampoo, und Pummele wurde
richtig dick eingeseift. Der Bär genoss es, wie zehn kleine
Kinderhände das gut riechende Shampoo regelrecht in
sein Fell hineinkneteten, und er spürte, wie all der Dreck
verschwand und ihn plötzlich Sauberkeit, Frische und ein
betörender Duft umgaben! Baden war toll! Masi hatte recht
gehabt!
Gut, es brauchte dann noch seine Zeit, bis all das Shampoo
wieder aus seinem Fell herausgewaschen war und die
Kinder ihn mit einem Föhn trocken geblasen hatten – aber
schließlich saß Pummele ganz stolz und sauber auf einem
Stuhl, roch klasse und fühlte sich wunderbar!
Und als dann noch Tanja kam und ihm eine neue, schicke
Schleife um den Hals band, da war aus einem Sperrmüll-
bären endgültig ein richtig schöner Bär geworden!
Als sie Pummele zu Masi zurückbrachten, wackelte die
Giraffe mit ihrer Nase: „Du riechst richtig klasse", sagte sie,

„und dein Fell ist mindestens um zwei Stufen heller! Und die Flicken sehen ganz klasse aus, die machen dich richtig interessant!"

Pummele strahlte: „Ich fühl' mich auch vollkommen anders! Aber – jetzt hab' ich Hunger …", sagte er ein wenig kleinlaut. Masi, Tanja und die Kinder lachten. „Ja, Baden macht hungrig", sagte Tanja, „schauen wir mal, was Rosi in der Küche für dich hat!"

„Pizza?", rief Rosi fragend aus der Küche heraus. „Pizza? Kenn' ich nicht!", brummte der Bär vor sich hin. „Was ist das?" – „Salami und Tomaten und Käse auf einer dünnen Schicht Teig", erklärte Rosi. Die Kinder strahlten: „Klasse! Pizza! Pummele, das magst du ganz bestimmt, das ist lecker!"

Und fünf Minuten später saß unser großer Bär in einer Ecke des Raumes und hatte ein großes Pizzastück in der Hand – und eine große Serviette auf seinem Bauch. Denn frisch gewaschene Bären brauchen ihr Fell ja nicht gerade sofort wieder mit Tomatensoße oder Salamistücken zu bekleckern.

Masi und Pummele – Englischunterricht

Freitagvormittag in der Kindertagesstätte – einige Tage
nach dem Sperrmüllabenteuer. Zugegeben – für Pummele
war das alles noch ziemlich neu und ungewohnt. So viele
Kinder!

Aber sogar er merkte, dass an diesem Morgen in der Kindertagesstätte irgendetwas anders war. Die Großen waren ganz
aufgeregt und rannten dauernd hin und her. Er brauchte ein
bisschen, bis er verstand, was los war: Heute soll das erste
Mal Englisch gelernt werden! Und die Kinder fragten: Wie
das wohl sein mag? Und ob das Spaß macht?
Englisch? Was, bitte schön, ist Englisch? Pummele war
schon wieder ein wenig verwirrt – vor allem, als Svenja auf
ihn zurannte, vor ihm stehen blieb, ihn anschaute und sagte:

„My name is Svenja – and what is your name?" Er verstand kein Wort und zwinkerte sie einfach nett an – das war wohl nie falsch! Aber Svenja war auch schon wieder weitergerannt und ließ Pummele mit all seiner Verwirrung zurück.

Am frühen Nachmittag, als alle Kinder abgeholt waren und alle Erzieherinnen zu Hause waren, lehnte sich Pummele ein klein bisschen näher an Masi – es war kalt geworden, und er fror ein wenig, das Fell an seinem Hals war immer noch nicht ganz trocken –, und dann fragte er: „Masi, was ist das, Englisch?" Masi überlegte einen Moment, dann sagte sie: „Ich glaube, so nennt man das, wie sich Menschen in manchen Ländern unterhalten, so wie Bärisch oder Giraffisch – und die Kinder lernen das hier, damit sie sich mit denen verständigen können, die eben diese Sprache sprechen." – „Muss man das können, Masi?", fragte Pummele ein wenig bang. „Nein", beruhigte ihn Masi, „wir müssen das nicht unbedingt können. Giraffisch und Bärisch versteht fast jeder normale Mensch auf der Welt. Aber wenn du die Menschen verstehen willst, dann wäre ein bisschen Englisch gar nicht schlecht. Und falls wir einmal nach Südafrika reisen, wäre es schon gut, wenn du wenigstens verstehen könntest, was die Menschen zu dir sagen!" Pummele seufzte ein bisschen vor sich hin: „Aber wenn das so weit weg ist, wie kommen wir denn dahin, und wann, und kommst du wirklich mit, und mit wem spielen dann unsere Kinder hier …?" Pummele wurde ganz aufgeregt. „Na, jetzt warten wir doch mal ab!", sagte Masi beruhigend. „Dort soll es sehr schön sein – und jetzt bist du ja erst mal hier! Aber warum setzt du dich nicht einfach zu den Kindern dazu, wenn sie Englisch lernen? Schaden kann es ganz bestimmt nicht!" Pummele blickte ein bisschen sorgenvoll zu Masi – aber er musste schon zugeben, dass sie Recht hatte. Es war ja schon schön, wenn alle anderen Bärisch verstehen – aber eigentlich war er ja auch neugierig, was die anderen auf Deutsch oder Englisch sagten. Warum also nicht?

Masi und Pummele – Afrika

Am Wochenende war es in der Kindertagesstätte ruhig. Masi kannte das schon – und sie pflegte an diesen Tagen einfach vor sich hin zu dösen. Sie mochte die Kinder – aber manchmal ging es schon auch ein bisschen laut und trublig zu, wenn sie da waren. Und so genoss sie durchaus die etwas ruhigeren Stunden, um sich dann wieder richtig auf Montagmorgen zu freuen, wenn die Kinder sie umlagerten. Pummele hatte lange, tief und fest geschlafen. Dann hatte er ein bisschen an seinem Fell herumgeputzt und hatte sich endlich einmal in aller Ruhe umgeguckt. Schön war das hier: bunt, fröhlich, warm … Und dann schlief er grad schon wieder ein – so ein bisschen faul sein, liegt ja bekanntlich in der Natur der Bären.

Als er wieder aufwachte, war es Abend geworden. Masi

war neben ihm und hatte ihren Kopf elegant auf die langen Beine gelegt. Ihre dunklen Augen schauten ein wenig traurig.

Pummele schob vorsichtig eine Tatze zu ihr hinüber. „Was ist los, Masi? Woran denkst du?" – „Ach, ich denk' gerade an die Kinder in Südafrika – und ob sie heute wohl etwas zum Essen und zum Spielen haben – und irgendetwas, worüber sie sich freuen können!" Pummele stellte seine Ohren auf – davon wollte er mehr wissen. „Masi, erzählst du mir von Afrika?", fragte Pummele schüchtern.

„Afrika?", sagte Masi. „Ja, es ist eigentlich meine Heimat, Giraffen leben dort. Aber ich bin nie da gewesen. Deshalb kann ich dir nur das sagen, was ich von anderen gehört habe …"

Pummele guckte sie aufmunternd an: „Was hast du denn gehört?"

Masi hob ihren Kopf ein wenig, und ihre Augen begannen zu leuchten: „Es muss ein wunderschönes Land sein! Was heißt Land, es ist ja ein ganzer Kontinent! Da gibt es unendlich weite Steppen mit Zebras und Antilopen, Elefanten und Löwen – und Giraffen …", fügte sie nach einem kurzen Zögern hinzu. „Masi – was bitte ist ein Löwe? Was sind Zebras?", fragte Pummele etwas verwirrt.

„Du weißt nicht, was ein Löwe, ein Zebra ist?", fragte

Masi verdutzt zurück. „Nein – woher soll ich das denn auch wissen!?", brummte Pummele ein wenig beleidigt. „Ich bin ein Hausbär! Ich kenne Katzen und Hunde und Meerschweinchen – aber woher soll ich denn Zebras und Löwen kennen?!" Masi entknotete ihre langen Beine und stand etwas mühsam auf. „Komm mit!", sagte sie und stakste den Flur entlang in einen kleinen Raum. Dort hingen viele wunderschöne Zeichnungen mit Löwen und Elefanten, Zebras und Giraffen. „Schau, die Bilder haben unsere Kinder gemalt", sagte sie zu Pummele und wies mit ihrer Schnauze auf ein Bild, „das ist ein Elefant. Der ist ziemlich groß und grau und hat einen langen Rüssel. Und das da ist ein Zebra …" Sie wies auf ein anderes Bild. „Die kommen in Herden vor und sehen sehr lustig aus mit ihren schwarzen und weißen Streifen!" Pummele lachte: „Ja, die sehen fast wie der Zebrastreifen vor der Kindertagesstätte aus!" Masi stutzte einen Moment, dann lachte sie mit: „Natürlich – woher hat denn der Zebrastreifen sonst wohl seinen Namen?" Pummele schwieg ein wenig beschämt – ja, er wusste bisher noch wirklich wenig von der Welt. Da fragte er lieber nicht, warum der Elefant so eine lange Nase hat.

Nach einiger Zeit erkundigte sich Pummele vorsichtig: „Und gibt es in Afrika sonst noch etwas außer Löwen und

Elefanten?" – „Natürlich!", sagte Masi. „Da gibt es Städte und Menschen und Kinder … und die meisten Menschen haben eine dunkle Hautfarbe. Und vielen von ihnen geht es gar nicht gut. Weil sie so arm sind, sind sie oft krank. Sie haben zu wenig zu essen und kein sauberes Wasser zu trinken. Viele haben nicht einmal eine richtige Wohnung."
– „Oh", brummte Pummele, „das ist aber nicht schön. Kann man denn da gar nicht helfen?"
„Machen wir doch schon!", sagte Masi. „Wir schicken Spielzeug nach Afrika, wir sammeln Geld, wir informieren, aber irgendwie – es reicht nicht …"
„Weißt du," sagte Pummele nachdenklich, „als ich da mitten in all dem Sperrmüll saß und mich keiner mehr wollte, war ich ganz traurig. Und da hab' ich mir geschworen: Wenn ich da noch mal rauskomme – dann will ich allen helfen, die traurig sind!"
Masi schaute ihn nur kurz an, dann sagte sie: „Könnte gut sein, dass du nach Südafrika fliegen solltest. Ich glaube, das ist es, was die Menschen dort wirklich brauchen – dass wir an sie denken. Und sie brauchen jemanden, der sie versteht und ihnen Kraft und Mut schenkt. So ein Bär wie du …
– das könnte eine gute Idee sein!"
Pummele sagte nichts, er schaute Masi nur an – und Masi schaute zurück.

Pummele fragt nach Gott

Aber ganz so ruhig sollte es an diesem Wochenende nun doch nicht bleiben …

Am Sonntagmorgen öffnete sich plötzlich die Tür der Kindertagesstätte. Ursula und Tanja, die Erzieherinnen, kamen herein und nahmen Masi und Pummele einfach mit. Die beiden guckten sich nur kurz an – was sollte das denn jetzt schon wieder sein? Aber bevor sie richtig zum Nachdenken kamen, fanden sie sich in einem ganz großen, grauen Gebäude wieder. Masi wurde liebevoll auf eine kleine Decke gestellt und Pummele danebengesetzt.

„Hast du eine Ahnung, wo wir hier sind?", fragte Pummele leise. „Nein, ich war auch noch nie hier! Aber ich glaube, das ist die Kirche!", gab Masi genauso leise zurück. „Eine Kirche? Was ist eine Kirche?", fragte der große Bär zurück. „Wenn ich richtig verstanden habe, was die Kinder erzählt haben, dann ist das ein Ort zum Feiern! Und es muss irgendwas mit Gott zu tun haben …" Pummele schaute nur noch verwirrter drein: „Gott? Was ist denn das schon wieder?" Masi verdrehte leicht ihre Augen: „Pummele, frag doch nicht so viel! Ich weiß es doch auch nicht!" Pummele schwieg, ein klein wenig verärgert. Konnte er denn was dafür, dass er ein Hausbär war und bisher so wenig vom Leben mitbekommen hatte? Also hielt er jetzt erst mal seinen Mund und schaute sich um. Es war wirklich ein großer Raum, und als er in die Höhe schaute, sah er blau und rot und grau – ganz anders als alles, was er bisher gesehen hatte! Irgendwie wirklich schön!

Und direkt vor ihnen beiden stand ein großer Tisch mit vielen, vielen Obstkörbchen, und ach, da waren ja auch all die Zeichnungen, die Masi ihm gestern gezeigt hatte – der Löwe und das Zebra und viele andere Tiere, die er noch nicht kannte!

Allmählich wurde es voll in der Kirche. Es kamen ganz viele Menschen, und die Kinder lachten und rannten umher

– und eigentlich war Pummele ganz froh, dass er hinter dem Tisch saß. So viel Trubel war ihm immer noch ein bisschen unheimlich. Ach, und da war ja auch die Frau wieder, die ihn fotografiert hatte, als er da auf der Straße saß – Andrea hieß sie wohl. Ob sie ihm sagen konnte, was Gott ist?

Er winkte leicht mit einer Tatze zu ihr rüber – und tatsächlich kam sie auf ihn zu. „Hallo, Pummele! Alles klar?", fragte sie und streichelte leicht sein Fell. „Eine schöne neue Schleife hast du da um! Sie erinnert schon ein bisschen an eine Krawatte – und da ja heute Sonntag ist …" – „Was hat denn Sonntag mit einer Krawatte zu tun?", fragte Pummele zurück. „Jeden Sonntag feiern wir hier in der Kirche ein Fest – und zu einem Fest zieht man sich natürlich auch festlich an!"

„Was ist eine Kirche, Andrea?"

„Das Haus Gottes unter den Menschen, hier wohnt Gott. Und wir feiern, dass er bei uns ist."

„Und wer ist das, Gott?" Auch Masi spitzte jetzt die Ohren und reckte ihren langen Hals ein wenig näher heran, um ja nichts zu verpassen. „Gott? Das ist der, der die Welt erschaffen hat und alle Menschen und alle Tiere und die ganzen Bäume und die Blumen …" – „Oooohhhhh!", staunte Pummele. „Dann muss der aber ganz schön groß sein!"

„Ja, und das Schöne daran ist, dass er sich ganz klein macht, um ganz nah bei uns Menschen zu sein, er wird selbst zu einem Kind und zu einem kleinen Stück Brot – und das feiern wir an jedem Sonntag!" Pummele runzelte die Stirn – das war schon viel, was er da zum Nachdenken hatte. „Schau dir's einfach mal an, Pummele", sagte Andrea noch, „und wenn du dann noch was wissen willst, frag mich einfach! Okay?" Der große Bär nickte und dann schaute er einfach – und er fand es wunderschön! Die Kinder sangen Lieder, eine Musikgruppe spielte, ein Mann stand da in einem ganz seltsamen Gewand – ach ja, den kannte er schon, das war Angelo, der Pfarrer hier. Der kam jede Woche mindestens einmal im Kindergarten vorbei und guckte, ob alles in Ordnung war. Und im Vorübergehen hatte er ihn auch schon einmal ganz lieb gestreichelt – Pummele mochte ihn. Aber warum sah er jetzt so anders aus? Und dann wurde geklatscht – und dann war es plötzlich wieder ganz still. Irgendwie war es ganz anders als im Kindergarten – aber doch irgendwie schön … !

Und dann erzählte Ursula sogar noch allen Leuten von Masi und ihm und dass es eine Geschichte über sie beide geben würde … Und da wurde sogar Pummele ein klein bisschen verlegen …

Am Ende der Feier konnten die Menschen die Zeichnungen von den Löwen und den Zebras und all den anderen Tieren kaufen und auch die kleinen Obstkörbchen – und das hatte Pummele verstanden: Dieses Geld sollten die Kinder in Südafrika bekommen – damit sie ein bisschen mehr Freude am Leben haben.

„Wenn dieser Gott dafür sorgt, dass die Menschen sich um Kinder kümmern, die wenig Grund zur Freude haben – dann ist das eigentlich wunderschön!", sagte er ganz spontan und aus tiefstem Herzen zu Masi.
Die Giraffe konnte ihm nur zustimmen – und fügte dann hinzu: „Ja – seh' ich auch so. Und wir sollten vielleicht überlegen, was wir beide denn konkret tun könnten …"
Und die beiden sahen sich ein wenig nachdenklich an.

Was ist Liebe?

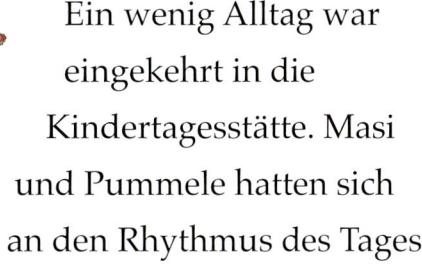

Ein wenig Alltag war eingekehrt in die Kindertagesstätte. Masi und Pummele hatten sich an den Rhythmus des Tages gewöhnt – ein paar Stunden voller Leben, und den Abend und die Nacht hatten sie für sich. Sie genossen beides, den Umtrieb mit den Kindern und die stillen Stunden der Nacht. Und auch die Kinder hatten sich an die beiden gewöhnt … Sie gehörten inzwischen einfach dazu …

Und doch passierten immer wieder einmal aufregende Sachen!

Es war an einem Nachmittag. Aiden-Joel, der kleine Bruder von Rebekka, kam, um seine Schwester abzuholen. Er war wirklich noch sehr klein – und als er Masi und Pummele sah, erschrak er erst einmal. Eine so schöne Giraffe – und ein so großer Bär! Vorsichtig näherte er sich, berührte schließlich ganz vorsichtig die Giraffe, machte einen Schritt zurück, sah sich den Bären an – und flog ihm in die Arme, gab ihm einen herzhaften Kuss auf die Backe, kuschelte sich ein bisschen an ihn … um dann gleich wieder wegzuspringen. Pummele wischte sich mit seiner Tatze die Schnauze ab, die, zugegeben, doch ein wenig feucht geworden war. „Was war das denn?", fragte er Masi etwas verwirrt. Die Giraffe schmunzelte: „Ich glaube, die Menschen nennen das Liebe!" – „Liebe?", fragte Pummele zurück, „was ist das schon wieder?" Masi dachte einen Moment nach: „Das ist, wenn man jemanden ganz doll lieb hat – und ganz nah bei ihm sein will – und ihn irgendwie mag …"

„Und dann wird man auf die Schnauze geküsst – und das Fell ist anschließend ganz nass?", fragte der Bär nach. Masi lachte: „Na ja, nicht unbedingt. Es gibt schon verschiedene Formen, Liebe zu zeigen. Aber Aiden-Joel ist eben noch ein kleiner Mensch, und es war seine Form von Liebe."

Pummele dachte nach … eigentlich: Er mochte Masi. Gesagt hatte er es noch nie … und gezeigt noch viel weniger … Und ganz langsam tastete sich eine Tatze zur Giraffe hinüber und legte sich ganz sanft auf ihren Huf …

… und jetzt werden wir die beiden nicht weiter stören!

Masi und Pummele beim Fußballturnier

Es war ein ruhiger Mittwochmorgen. Masi und Pummele dösten noch dem neuen Tag entgegen – wenn erst die Kinder da wären, würde es schon noch laut und lebendig genug werden!

Aber wie lebendig es an diesem Tag werden würde, das ahnten sie um diese Zeit noch nicht! Nach dem Frühstück versammelte Ursula alle Kinder in dem kleinen Turnraum … und zehn Minuten später stürmten die Kinder laut schreiend und rufend wieder raus: „Fußball!!! Wir spielen Fußball!" Vorsichtshalber zog Masi ihre langen Beine ein wenig näher zu sich heran, und Pummele verkroch sich ein wenig mehr in die Ecke, damit keines der umherrennenden Kinder stolperte. Zugegeben – diesmal waren beide ratlos: Fußball? Was um alles in der Welt ist Fußball?

Als Ursula vorbeikam, hielt der Bär sie kurz mit der Tatze fest: „Du – was ist Fußball?" – „Ihr wisst nicht, was Fußball ist?", sagte sie überrascht. „Das weiß doch jedes Kind!"

„Wir wissen es jedenfalls nicht!", sagte Masi, ein wenig eingeschnappt. Und Ursula verstand rasch – klar, woher sollten die beiden das auch wissen? „Entschuldigung!", sagte sie. „Natürlich könnt ihr das nicht wissen! Also – Fußball ist sozusagen der Lieblingssport der Deutschen! Und da …" – diesmal unterbrach sie Pummele: „Was heißt das – Sport?" Jetzt musste sogar Ursula ein wenig nachdenken. Wie sollte man das einem Bären und einer Giraffe erklären? „Na ja", begann sie zögernd, „man spielt halt miteinander, so dass es allen Spaß macht – und schaut dabei, wer der bessere ist!" Zugegeben, auch Ursula war sich in diesem Moment nicht so ganz sicher, ob wirklich alle diese Definition unterschreiben würden, aber ihr blieb zum Nachdenken nicht viel Zeit.

„Das hört sich klasse an!", sagte Pummele aus vollem Herzen. „Können wir da auch mitmachen? Und wie geht das?"

„Es gibt zwei Mannschaften – und einen Ball. Und jede Mannschaft muss versuchen, den Ball ins Tor der anderen zu bringen – und die andere Mannschaft wiederum versucht, das zu verhindern. Und wer am Schluss die meisten Tore hat, der gewinnt!"

„Und wer spielt da gegen wen?", fragte Masi, noch ein wenig höflich-distanziert. „Na ja, die Kindergärten hier aus unserer Stadt", sagte Ursula. „Wir entwerfen T-Shirts, damit man erkennen kann, wer zu unserer Mannschaft gehört, und wir trainieren natürlich auch – und dann gibt es da noch ein paar Kinder, die die Aufgabe haben, die anderen mit Schlachtrufen anzufeuern und sie zu ermutigen!"

„Schlachtrufe?" Diesmal war es wieder Pummele, der ein wenig ratlos schaute. „Ja, zum Beispiel: Hejohe – wir von Hilde sind okay! Das hatten wir letztes Jahr."

Masi und Pummele schauten sich kurz an – und sagten dann fast gleichzeitig: „Da machen wir mit!"

Na ja, als die beiden dann das erste Mal beim Training dabei waren, zeigte sich doch relativ schnell, dass Fußball nicht unbedingt ein Sport für Giraffen oder Bären ist. Masi stolperte dauernd über ihre langen Beine – und Pummele rannte alles nieder, wenn er mal einen Ball zwischen die Füße bekam. Er war einfach zu groß! So ging es jedenfalls nicht!

Aber da hatte Tim eine grandiose Idee! „Wisst ihr was? Wir stellen Pummele einfach ins Tor! Und dann kommt kein Ball mehr durch!" Die anderen Kinder johlten auf und schrien vor Begeisterung! Ja, Pummele als Torwart! Damit würden sie ganz bestimmt gewinnen!

Aber – was sollte man mit Masi machen? Annika sagte ganz leise: „Wie wäre es denn, wenn wir Masi als Schiedsrichter vorschlagen würden? Sie hat einen so langen Hals, dass sie garantiert alles sieht, was passiert … – und ich glaube, sie ist wirklich gerecht!"

Und so trat die Fußballmannschaft von St. Hildegard mit zehn Feldspielern an und mit Pummele als Torwart – und alle trugen ein dunkelblaues Trikot. Und der Chor der Anhänger hatte sich auf den Slogan geeinigt: „Nur net bummele – wir vertrau'n auf Pummele!"

Am Tag des Turniers war wunderschöner Sonnenschein. Masi war von allen Mannschaften als Schiedsrichter akzeptiert worden – und sie stand wirklich ganz majestätisch mitten im Geschehen und hatte alles im Blick.

Und Pummele stand im Tor – und an dem Bären kam nun
wirklich kein Ball vorbei!

Und die Fans riefen und schrien im Chor: „Nur net
bummele – wir vertrau'n auf Pummele!"

Am Ende des Tages waren alle Kinder rechtschaffen müde.
Sie waren viel gelaufen und gerannt! Auch die Kinder
von St. Hildegard waren müde und geschafft – und stolz
zugleich! Ihr Bär hatte kein Gegentor zugelassen – und so
waren sie als großer Sieger vom Platz gegangen!

Am Nachmittag kehrte dann so langsam wieder ein wenig
Ruhe ein, auch im Kindergarten. Masi und Pummele
hatten sich in eine Ecke verzogen, um alles noch ein wenig
nachklingen zu lassen. Und schon so halb im Schlafen, sagte
Pummele zu Masi: „Weißt du, Fußball ist eigentlich ein ganz
schöner Sport … man kriegt nur blaue Flecken davon!"

Und dann schlief er ein – den goldenen Pokal zwischen den
Tatzen, den ihm die Kinder gegeben hatten. Sie wussten
sehr genau, dass sie ohne Pummele als Torhüter diesen
großen Erfolg bestimmt nicht errungen hätten.

Und Masi sagte nur noch: „Ja, war ganz schön … Ob die
Kinder in Afrika das wohl kennen?"

Und damit schlief auch sie ein – und träumte vom Fußball
in Afrika.

Manchmal heißt es „Abschied nehmen"...

Es war ein ganz normaler Freitagmorgen. Die Kinder
spielten in den Gruppen, Rosi klapperte in der Küche mit
dem Geschirr, irgendwo wurde ein Lied gesungen. Da
klingelte in Ursulas Büro das Telefon. Es war der Pfarrer.
„Hör mal, Ursula", sagte er, „ich flieg' nächste Woche
wieder nach Südafrika und hab' wenig Gepäck. Das wäre
eine gute Chance, Pummele mitzunehmen. Was denkst du?"
Ursula schluckte einmal kurz. Den Bären hergeben? Er
gehörte doch einfach schon dazu! Und was würden die
Kinder sagen? Aber Angelo, der Pfarrer, hatte schon Recht
– sie hier hatten Masi und Pummele, und die Kinder in
Südafrika hatten gar nichts. Da wäre es nur gerecht, dass
eine von den beiden zu den Kindern nach Masiphumelele

gehen sollten – und klar, dafür war nun mal der robuste Bär wirklich sehr viel besser geeignet als Masi, die bildschöne und schlanke Giraffe.

„Alles klar", sagte sie kurz. „Wann holst du ihn?"

„Ich fliege am Mittwoch."

„Okay – dann werden wir am Dienstag hier noch eine große Abschiedsparty für ihn steigen lassen!"

Ein bisschen traurig ging Ursula zu Masi und Pummele und setzte sich zu ihnen. „Hört mal", sagte sie, „der Pfarrer fliegt am Mittwoch nach Südafrika – und er könnte Pummele mitnehmen. Was haltet ihr denn davon?"

Der Bär und die Giraffe schwiegen und schauten sich nur an. „Na ja", sagte Masi schließlich, „ kommt jetzt doch ein bisschen plötzlich." Und dann sagte sie nichts mehr, aber in ihren Augenwinkeln glitzerte es verdächtig.

Pummele brummte ein bisschen vor sich hin. Eigentlich hatte er sich hier gerade so schön eingewöhnt. Hier gefiel es ihm. Die Kinder waren lieb zu ihm, und er und Masi verstanden sich gut. Aber er hatte seinen schlimmen Tag damals draußen im Sperrmüll nicht vergessen, als er ganz alleine, triefnass und traurig dasaß und nicht wusste, was jetzt auf ihn zukommen würde. Er hatte erfahren dürfen, dass jemand kam, dem er wichtig war und durch den er ein neues Leben hatte anfangen können.

„Es ist schön hier, ich mag Masi und die Kinder, und eigentlich will ich nicht weggehen. Aber ich glaube, die Kinder in Südafrika brauchen jemanden, der ihnen davon erzählen kann, dass das Leben schön ist – und dass es gut ist, Freunde zu haben!" Und dabei warf er einen kurzen Blick zu Masi hinüber, die ihn liebevoll anschaute. „Alles klar", sagte er, jetzt mit etwas festerer Stimme, „ich fliege mit Angelo nach Südafrika!"

Am Dienstag startete dann die große Abschiedsparty für den Bären. Alle Kinder nahmen ganz persönlich Abschied, streichelten ihn noch einmal und wünschten ihm alles Gute: „Mach's gut!", „Pass auf dich auf!", „Grüß die Kinder in Südafrika!" Und einige sagten mit leiser Stimme: „Wir werden dich sehr vermissen!" und „Denk an uns und vergiss uns nicht!" Und Nicole und Jan hatten sogar ein paar Tränen in den Augen, als sie Pummele das letzte Mal umarmten.

Und es gab ganz viele Geschenke für Pummele und die Kinder in Südafrika: Buntstifte und Zeichenblöcke – und eine Riesentüte Luftballons! „Luftballons? Was ist das denn?", fragte der Bär irritiert. Ursula lachte, nahm einen, blies ihn auf, machte einen Knoten – und warf das rote Etwas mitten unter die Kinder. Und die juchzten und

schlugen ihn mit der Hand weiter – und plötzlich: Knall!!!
Der rote Luftballon war zerplatzt, und alle waren richtig
erschrocken – und lachten dann laut los! Pummele lachte
mit und sagte: „Ich glaube, darüber werden sich die Kinder
sehr freuen!" Und dann nahm er einen blauen Luftballon,
blies ihn auf, machte einen Knoten rein – und gab ihm mit
seiner Tatze einen leichten Schubs …

Und innerhalb kürzester Zeit flogen zwanzig, dreißig
Luftballons im Raum umher, wurden aufgefangen und
weitergeschlagen – und immer wieder einmal machte
es „Knall!", und alle lachten fröhlich vor sich hin. Und
niemand dachte mehr daran, zu weinen …
Es war wirklich eine wunderschöne Abschiedsparty!
Und ganz am Schluss schlich sich Svenja noch zu dem
großen Bären und drückte ihm ein Glas Honig in die Tatze:
„Hier, der ist für dich! Du magst doch Honig! Und ich weiß
nicht, ob es in Südafrika Honig gibt!"
Pummele umarmte sie einfach mit seinen beiden Tatzen
– sagen konnte er in diesem Moment nichts mehr.

Aber auch die schönste Abschiedsparty geht einmal zu
Ende – und am Abend saßen Masi und Pummele eng
nebeneinander im Foyer der Kindertagesstätte.

„Das war eine schöne Abschiedsparty …", sagte Masi vorsichtig.

„Hm", brummte Pummele.

„Und die vielen guten Wünsche …", fuhr Masi behutsam fort.

„Hm", brummte der Bär. Dann schwiegen beide lange. Und es war gut so.

„Ich hab' ein bisschen Angst", sagte Pummele schließlich. „Ich weiß ja noch nicht mal, ob es in Südafrika Honig gibt. Und werden die Kinder mich dort mögen? Oder werde ich wieder auf dem Sperrmüll landen? Und – werden wir uns noch mal sehen?" Jetzt zitterte seine Stimme doch ein wenig.

Masi legte eines ihrer langen Beine um den Bären und drückte ihn ein bisschen. Dann sagte sie: „Ob wir uns noch mal sehen, das weiß ich auch nicht, Pummele. Kapstadt ist immerhin 12.000 Kilometer weit weg. Und ich werde dich sehr vermissen. Aber ich habe hier meine Aufgabe zu tun – und du dort in Masiphumelele deine. Und das ist es, was uns verbindet. Und die Kinder dort brauchen dich!"

„Ja, das weiß ich ja auch", brummte der Bär vor sich hin. „Irgendwie ist es ja auch ein Abenteuer! Und ich freu' mich drauf – und hab' doch ein bisschen Angst. Und ich werde dich auch sehr vermissen …"

Jetzt legte Masi ein zweites ihrer langen Beine um den Bären und sagte: „Weißt du, auch wenn wir 12.000 Kilometer voneinander entfernt sind, wir sind uns doch ganz nah! Nähe und Distanz hat nichts mit Entfernungen zu tun. Man kann nebeneinander sitzen – und doch ganz weit weg vom andern sein. Und man kann am anderen Ende der Welt sein – und sich sehr verbunden fühlen."

Masi schaute Pummele lieb an. Und Pummele schaute genauso lieb zurück – und seine Tatze wanderte an ihrem Hals entlang, bis er die Mähnenhaare von Masi fand – und er kraulte sich ein wenig hinein und lehnte seinen großen Kopf an die Schulter der Giraffe.

„Weißt du was", sagte Masi nach einiger Zeit, „der Mond scheint im Norden und im Süden. Lass uns doch ausmachen: Immer, wenn wir den Mond sehen, denken wir aneinander und schicken uns gegenseitig einen lieben Gruß!"
„Okay, das machen wir!", sagte Pummele tapfer. „Und ich versprech' dir, auch dann an dich zu denken, wenn ich den Mond nicht sehe!"

Masi und Pummele kuschelten sich aneinander und schliefen bald ganz tief und fest.

Und durch das Fenster schien das sanfte Licht des Mondes auf die beiden – und wenn man ganz genau hinsah, dann konnte man fast meinen, dass der Mond ein wenig vor sich hin lächelte.

Ein Bär fliegt nach Südafrika

Am Mittwoch war es dann so weit. Angelo hatte für sich
und Pummele einen Nachtflug nach Kapstadt gebucht und
würde den Bären am Nachmittag abholen.

Pummele war schon ganz früh aufgewacht, er konnte
nicht mehr schlafen – heute also würde er fliegen! Ja,
der Abschied fiel ihm schon schwer, aber so ein bisschen
gespannt war er jetzt doch, wie das in Afrika sein würde!
Und fliegen? Wie das wohl gehen würde? Und was sollte er
denn jetzt wirklich einpacken und mitnehmen?

Als Ursula und Tanja morgens in den Kindergarten kamen,
trauten sie ihren Augen kaum: Mitten im Foyer saß der
große Bär auf dem Boden, vor ihm sein Rucksack – und um
ihn herum ein buntes Durcheinander von Buntstiften und
Luftballons, Fotos und Briefpapier, eine neue Ersatzschleife

für den Hals und Sonnencreme, eine Zahnbürste und einen Kamm und, und, und … und mittendrin das Glas Honig, das ihm Svenja geschenkt hatte.

„Pummele, was machst du denn da?", fragte Tanja fassungslos. „Ich packe – das seht ihr doch!", brummte der Bär vor sich hin. „Aber – so geht das doch nicht!", sagte Tanja. „Du kannst doch nicht die Buntstifte zur Sonnencreme packen, und die Schleife ist auch schon ganz zerdrückt! Weißt du was – wir legen das jetzt alles in den Turnraum und frühstücken zuerst. Und dann packen wir nachher zusammen – okay so?"

Gesagt, getan. Aber so ganz zur Ruhe kam Pummele nicht. „Ist Fliegen schön?", fragte er. „Naja, meistens schon, wenn man einen ruhigen Flug hat," sagte Ursula. „Und wenn man keinen ruhigen Flug hat?" – „Dann ist es nicht ganz so schön," antwortete Ursula geduldig, „aber der Wetterbericht ist gut." Pummele biss in sein Honigbrötchen, dann hielt er mitten im Kauen inne und fragte: „Wieso können Flugzeuge eigentlich fliegen?" – „Pummele, du weißt doch, mit vollem Mund spricht man nicht – und Vögel fallen ja schließlich auch nicht runter, wenn sie fliegen!", seufzte Tanja ein wenig – dass Bären aber auch immer so viel wissen wollten! „Oh, entschuldige, Tanja – hab' ich gar nicht gemerkt, dass ich den Mund noch voll hatte. Und wie ist denn jetzt das

Wetter in Südafrika?", setzte Pummele noch einmal nach.
Da schaltete sich Masi ein: „Ich glaube, ihr solltet jetzt
packen gehen – und das Einfachste ist, du schaust dir alles
selbst an!" Sensibel, wie sie war, hatte sie gemerkt, dass die
Spannung bei allen groß war – und da würde es nur gut tun,
jetzt was ganz Handfestes zu machen.

Eine Stunde später war der Rucksack ordentlich und
richtig gepackt, das Glas Honig war dick in eine Strickjacke
eingewickelt, damit es nicht kaputtging, und die neue
Schleife war in einem kleinen Kistchen, damit sie nicht
zerknautscht wurde – nachdem Rosi sie noch einmal frisch
gebügelt hatte.

Stolz trug Pummele sein neues Baseball-Käppi mit der
Aufschrift „Kita St. Hildegard" und sein dunkelblaues
Fußball-T-Shirt – und ganz so bang war ihm jetzt doch nicht
mehr zumute. Er war ja nicht alleine unterwegs, das hatte er
ja ganz vergessen – Angelo flog doch mit! Und wenn Angelo
dabei war, dann würde ihm schon nichts passieren!

Die Stunden bis zum Nachmittag dehnten sich endlos,
aber schließlich fuhr der Wagen mit dem Pfarrer vor, er
stieg aus und umarmte Pummele herzlich: „Klasse, dass
du mitkommst! Und ich bin sicher, dass es dir in Südafrika
gefallen wird! Es ist wunderschön da! Und die Kinder dort
brauchen dich wirklich!" – Pummele wollte gerade schon

zurückfragen, aber in dem Moment kam Masi, nahm ihn kurz beiseite und drückte ihm einen kleinen, schwarz-weißen Plüschhund in die Tatzen. „Hier", flüsterte sie leise, „nimm ihn mit. Das ist Mirko, und der soll dich begleiten, wenn ich nicht mehr auf dich aufpassen kann. Und ich hab' ihn ganz arg lieb gehabt – und all diese Liebe ist jetzt in ihm drin, wenn du ihn mitnimmst!" Pummele und Masi schluckten einmal kurz, umarmten sich – und dann erklang von draußen ein durchdringender Hupton. „Ich glaube, Angelo will fahren", sagte Masi leise.

Pummele schulterte seinen Rucksack, rückte sein Käppi zurecht, winkte noch einmal all den Kindern, die sich vor dem Haus versammelt hatten – und stieg ein. „Du musst den Sicherheitsgurt anlegen!", mahnte Angelo. „Ach so, ja, natürlich …" brummte der Bär – und bis er es geschafft hatte, den Gurt irgendwie um seinen Körper herumzuwickeln und im Schloss einrasten zu lassen, waren sie schon aus der Straße herausgefahren.

Die erste Viertelstunde schwiegen beide, in Gedanken versunken. Dann stellte Pummele ganz unvermittelt die Frage, die er vorhin schon hatte stellen wollen: „Angelo, wieso hast du gesagt, dass mich die Kinder dort brauchen? Ich kann denen doch gar nichts geben! Ich habe gerade mal ein paar Buntstifte und Luftballons dabei …", und dann schluckte er tief und fügte hinzu: „… na ja, und ein Glas Honig. Aber falls die Kinder den mögen, dann teile ich auch!" Angelo merkte, wie schwer dem Bären dieses großzügige Angebot fiel, das umso höher einzuschätzen war, da Pummele ja noch nicht einmal wusste, ob es in Südafrika überhaupt Honig gab. Er legte kurz seine Hand auf den Arm des Bären und sagte: „Den Honig behalt mal für dich, der ist ja auch dir geschenkt worden! Und natürlich gibt es in Südafrika Honig! Und weißt du, klar brauchen die Kinder in Südafrika Essen und Geld und Medikamente. Und es ist ganz wichtig, dass wir es ihnen geben, damit sie leben können! Aber sie brauchen auch Buntstifte und Luftballons – damit Farbe in ihr Leben kommt und ein wenig Freude! Aber was die Kinder und die Menschen dort am allernotwendigsten brauchen, das ist Liebe! Dass sie das Gefühl haben, sie werden von jemandem geliebt – und dass sie jemanden lieben können!"

Pummele hatte ganz gespannt zugehört. Ja, das verstand er gut. Schließlich hatte er es selbst erfahren, wie es ist, mitten im Sperrmüll zu sitzen. Und in diesem Moment nahm er sich ganz fest vor, die Kinder dort ganz, ganz doll zu lieben! Und er streichelte Mirko ein wenig, den er immer noch in den Tatzen hielt – und dachte an Masi. Und er erkannte, dass man eigentlich ganz viel und vieles lieben kann: Er liebte Masi und Tanja und Ursula und Mirko und Angelo – und er liebte auch jetzt schon die Kinder in Masiphumelele. Okay – Masi liebte er schon noch ein wenig anders als Angelo, aber lieben tat er sie beide, und all die anderen noch dazu!

Und so legte er jetzt einfach seine Tatze kurz auf Angelos Arm, die beiden schauten sich an – und verstanden sich.

Als sie sich dem Flughafen näherten, wurde der Verkehr allmählich dichter, die Autobahnen wurden drei-, dann sogar vierspurig. Pummele war an all den Trubel nicht gewöhnt, er duckte sich in seinen Sitz – und war nur froh, dass Angelo dabei war! Und im Flughafen selbst war so viel Lärm, so viel Trubel, alles war so groß und riesig! „Pass auf deinen Rucksack auf!", sagte Angelo nur kurz – und nahm den Bären einfach an die Hand.

Pummele war jedenfalls nur froh, als er endlich auf seinem Platz im Flieger saß. Also nein, am Flughafen wollte er ganz sicher nicht wohnen!

Und dann, als er sich schon fragte, ob fliegen eventuell heißt, ewig lang am Boden umherzufahren, jaulten auf einmal die Motoren auf, er wurde in seinen Sitz gedrückt, die Maschine hob ab – und los ging es, Richtung Südafrika!

Es dauerte ein wenig, bis er das erste Mal zur Besinnung kam – es war wohl irgendwo über den Alpen, die man aber leider nicht sehen konnte, weil sie unter einer Wolkendecke lagen. Der Flieger flog ganz leise und ruhig vor sich hin. Da zupfte Pummele Angelo am Ärmel und sagte: „Irgendwie – das ist doch eigentlich auch nicht anders als Autofahren, oder?" Angelo lachte: „Im Prinzip schon – nur dass der Erdboden 10.000 Meter unter uns ist – aber Schlaglöcher, oder besser Luftlöcher, gibt es hier oben auch!" Und als ob der Pilot das beweisen wollte, sackte die Maschine ein klein bisschen ab – und flog dann ganz ruhig weiter. Nach dem Abendessen wurde Pummele müde – kein Wunder nach all dem, was er heute erlebt hatte. Er warf zufällig noch einen Blick aus dem Fenster – und war wie elektrisiert: Dort unten war eine riesengroße, weite, leere Fläche, leicht hügelig, braun, rot, gelb – im goldenen Abendlicht! „Da, schau mal!", sagte er zu Angelo. „Ist das nicht wunderschön?" – „Ja", erwiderte Angelo.

„Das ist die Sahara, eine große Wüste in Nordafrika! Es ist selten, dass man sie so klar sieht!“

Pummele konnte sich von diesem grandiosen Anblick kaum lösen – und erst, als die Dämmerung hereinbrach, wickelte er sich schließlich in seine Decke, nahm Mirko in seine Tatzen, dachte kurz an Masi – und schlief schließlich ein.

Und das Flugzeug fliegt mitten in der Nacht Kapstadt entgegen. Und am Himmel steht die klare Sichel des Mondes …

Pummele entdeckt das Meer

Die Nacht war kurz, schon früh wurde das Frühstück
serviert. Pummeles Augen leuchteten auf, als er auf seinem
Tablett auch eine kleine Portionspackung mit Honig fand.
Und als ihm Angelo dann seine auch noch rüberreichte, war
sein Glück vollkommen! Das fing ja gut an!
Aber dann fiel ihm plötzlich ein, dass er gar nicht wusste,
wie es jetzt weitergehen würde. Wo würde er denn heute
Nacht schlafen – schon im Kindergarten? Und würde
Angelo ihn gleich alleine lassen? Alleine mit all den
fremden Kindern?
„Angelo?"
„Ja?"
„Sag mal, wir kommen dann nachher in Kapstadt an – und
dann?"

„Billy holt uns ab, und dann fahren wir erst mal zu uns nach Hause. Da wirst du meine Mutter kennenlernen und Vicky, die sich um den Haushalt kümmert – und Edwina, unseren Hund! Du machst erst mal ein paar Tage Ferien – und dann gehen wir zusammen nach Masiphumelele! Okay so?"
Pummele schnaufte einmal tief durch. Ja, so war es gut. Er hätte es sich gar nicht so richtig vorstellen können, gestern noch bei den Kindern in Viernheim zu sein – und heute schon bei den Kindern in Masiphumelele!
Inzwischen hatte der Flieger zum Landeanflug angesetzt – und Pummele schaute gespannt aus dem kleinen Fenster. Er sah Felder unter sich, immer mal wieder kleine Ortschaften, Straßen, einen Fluss – wunderschön! Plötzlich aber war das alles weg – und da war nur noch eine unendliche blaue Fläche unter ihm! „Angelo!! Das ganze Land ist weg!", rief er aufgeregt. Angelo schaute über seine Schulter und musste ein wenig schmunzeln. Das Flugzeug war auf das Meer hinausgeflogen, um von dort aus einen besseren Kurs für die Landung in Kapstadt zu nehmen. „Das ist das Meer, Pummele – und das ist alles ganz richtig so!", sagte er beruhigend.
Der Bär schaute ihn verwirrt an: „Das Meer? Was ist das – Meer??" Angelo war überrascht: „Du kennst das Meer nicht?" – „Nein, ich kenne das Meer nicht!", gab Pummele

zurück. „Ich komme aus Viernheim, und da gibt es kein Meer!" – „Da hast du natürlich vollkommen Recht! In Viernheim gibt es kein Meer, nur immer mal wieder Hochwasser. Also: Die meiste Fläche unserer Erde ist von Wasser bedeckt, und die Kontinente wie Europa oder Afrika sind wie riesengroße Inseln in diesen Wassermassen – und die nennt man Meere." Pummele hatte aufmerksam zugehört: „Gibt es da auch Tiere?" – „Klar, da gibt es ganz viele Tiere! Und ganz viele Pflanzen! Alles Leben hat sich eigentlich zuerst im Wasser entwickelt und hat dann allmählich das Land erobert. Manchen Tieren merkt man das auch heute noch an – die können im Wasser und auf dem Land leben." – „So wie die kleine Kröte, die wir kürzlich im Kindergarten gefunden haben?" – „Ja, genau so! Oder wie die Pinguine oder die Eisbären! Aber vor allem gibt es in den Meeren ganz, ganz viele Fische – manche sind richtig bunt, und andere sind nur grau, aber dafür riesengroß, wie die Wale, die können zwanzig Meter lang werden!" – „Zwanzig Meter?", staunte Pummele. „Das ist ja größer als der Reisebus, mit dem wir neulich gefahren sind!?" – „Richtig!", bestätigte Angelo. „Aber jetzt schau mal – da vorne liegt der Tafelberg, das Wahrzeichen von Kapstadt!" Pummele schaute – und konnte nur noch sagen: „Schön ist das – unendlich schön!"

Billy holte die beiden vom Flughafen ab. Flughäfen kannte Pummele inzwischen ja schon – und die sind wahrscheinlich überall auf der Welt gleich! Überall ist es laut, hektisch und betriebsam!

Als sie aus dem Flughafengebäude herauskamen, schnupperte Pummele: „Hier riecht es anders!" – „Klar, hier riecht es nach Afrika", lachte Angelo, „hier riecht es nach Meer und Salz, nach Wüste und Sand, nach Löwen und Elefanten, nach Holzfeuern und Abenteuern!" Dann wurde er ernst: „Aber es riecht hier auch nach Armut und nach Hoffnungslosigkeit. Beides, die Schönheit Afrikas und seine Armut, liegen eng beieinander – und genau deshalb brauchen wir dich hier, Pummele!"

Pummele schwieg – auch die nächste Stunde, als sie durch eine wunderschöne Landschaft in Richtung Kap der Guten Hoffnung fuhren, wo Angelo lebte, wenn er nicht in Deutschland war. Der Bär hatte schon in der Nähe des Flughafens die kleinen Wellblechhütten gesehen, in denen die Menschen wohnten. Und er ahnte: Südafrika ist schön – aber es gibt schon noch einiges zu tun! Und ganz insgeheim fragte er sich: Ob ich da wohl wirklich helfen kann?

Aber er vergaß seine Gedanken ganz schnell, als sie
die Küste entlangfuhren. Welle um Welle rollte heran,
zerbrach an irgendwelchen Felsen, wirbelte Gischt empor.
Wunderschön!! Dazu ein weißer Strand, ein strahlendblauer
Himmel!

Schließlich sagte er zögernd: „Du, Angelo, könnten wir
da irgendwo anhalten? Ich würde so gerne das Meer mal
anfassen!" – „Ich mach' dir einen Vorschlag, Pummele. Wir
fahren jetzt zu uns nach Hause, du packst deinen Rucksack
aus, wir duschen und essen was – und dann fahren wir
runter ans Meer. Okay so?" Der große Bär nickte. War ja
vielleicht auch ganz gut, erst einmal anzukommen.

Als das Auto am Haus vorfuhr, tobte ein verrückt
gewordener Hund um das Auto herum – das war Edwina.
Peggy und Vicky standen in der Tür und staunten nicht
schlecht, als ein richtiger Bär aus dem Auto herauskletterte.
Pummele erinnerte sich zum Glück daran, wie man sich
zu benehmen hatte – und dachte dankbar an die wenigen
Englischstunden zurück, die er im Kindergarten erlebt hatte.
Er ging auf die beiden zu, drückte ihnen die Hand und
sagte: „I am Pummele. Nice to meet you!" – „Schön, euch zu
treffen!" Aber der englische Wortschwall, der ihm daraufhin

entgegenkam, war doch ein bisschen viel für ihn. Und so blickte er Hilfe suchend zu Angelo, der die Situation rasch klärte: „Das ist Pummele. Er bleibt für ein paar Tage bei uns. Und eigentlich kann er gar kein Englisch." Daraufhin nahmen ihn die beiden Frauen einfach in den Arm – und Pummele fühlte sich mehr als willkommen geheißen!

Und dann fuhren sie runter ans Meer, nachdem sie ausgepackt und geduscht hatten.
Edwina tobte im Sand herum und schleppte dauernd irgendwas an, was keiner außer ihr brauchen konnte. Peggy und Vicky hatten sich auf eine Bank gesetzt. Angelo und Billy schlenderten am Strand entlang und erzählten sich die neuesten Neuigkeiten.
Und Pummele saß ganz einfach auf einem Felsen und schaute aufs Meer hinaus und lauschte diesem unsagbar schönen Geräusch, wenn die Wellen an die Felsen schlugen. Dass es so was wirklich gibt! Wo kommen die Wellen her? Und wo gehen sie hin? Was ist hinter dieser Weite – und wer bin ich, mitten in all dieser Unendlichkeit?

Und vielleicht war es ganz gut, dass genau in diesem Moment Angelo zu ihm rüberrief: „Pummele, wir fahren jetzt heim. Es gibt Lasagne. Kommst du mit?"

„Klar komme ich mit!", rief Pummele. Er stand auf, schüttelte sich den Sand aus dem Fell und trabte zum Parkplatz.

„Angelo, es ist wunderschön hier! Und ich liebe das Meer!", sagte Pummele ganz leise. Angelo hatte verstanden, nahm den Bären in seine Arme und sagte dann: „Aber das ist nur die eine Seite Südafrikas. Es ist ein wunderschönes Land – aber viele Menschen, die hier leben, brauchen noch unsere Hilfe!"

„Okay, ich helfe dir – und den Menschen!", sagte Pummele fest entschlossen. Und es mag sein, dass er die Autotür ein wenig entschiedener zuschlug, als es eigentlich nötig gewesen wäre ….

Und dann dachte er nur noch: Wäre ja ganz schön, wenn Masi jetzt hier wäre.

Pummele in Masiphumelele

An einem warmen Sommerabend saßen Angelo und
Pummele noch auf dem Balkon des Hauses zusammen.
Sie schauten auf das Meer hinaus, über dem so langsam
die Sonne unterging. Der Himmel färbte sich lila, violett,
flammendrot – und kleine weiße Wolken zogen vorbei.
„Sag mal, Pummele", begann Angelo vorsichtig, „könntest
du dir vorstellen, dass wir übermorgen nach Masiphumelele
fahren?" – Pummele schluckte kurz. Die Tage hier waren
zu schön gewesen! Aber klar – schließlich war er nicht
nach Südafrika gekommen, um hier Urlaub zu machen!
„Okay", sagte er, „ich verlass' euch zwar ungern, es war
schön hier! Aber es mag ja sein, dass die Kinder mich da

wirklich brauchen!" Nach einem Moment der Stille sagte
er dann: „Kannst du mir noch ein bisschen erzählen, wie
es da ist?" Angelo sah den Bären liebevoll an: „Klar, kann
ich machen. Masiphumelele ist ein Township, so eine
Art „Randsiedlung" von Kapstadt. Da leben ca. 35.000
Menschen, man weiß es nicht so genau. Viele haben keine
Arbeit – und viele sind krank. Ein Drittel der Kinder hat
keine Eltern mehr, sie sind gestorben, eine Oma oder Tante
kümmert sich um sie. Die Kinder leben auf der Straße – aber
das sind keine Straßen, wie du sie von Viernheim kennst.
Da ist Staub, Sand und Dreck – und mittendrin müssen die
Kinder leben!" Das klingt ja noch viel trauriger als das, was
Masi mir erzählt hat, dachte Pummele. Aber Angelo wusste
noch viel mehr zu berichten: „Immerhin – Masiphumelele
hat es schon ganz gut! Die Regierung hat elektrischen Strom
verlegt, das Gelände ist in Bereiche unterteilt. Die Menschen
leben in kleinen Wellblechhütten, fünf, sechs Leute in einem
einzigen Raum. Vier oder fünf Familien teilen sich einen
Wasserhahn, eine Toilette."
„Und keine Dusche? Keine Badewanne?" Pummele dachte
an das wunderbare Gefühl, das er hatte, als er voller
Seifenschaum war, der so herrlich duftete.
Angelo musste lachen: „Also, soweit ich weiß, haben
die meisten keine Dusche und keine Badewanne! Aber sie

haben auch ganz andere Sorgen! Da geht es erst mal darum, ob man heute überhaupt was zum Essen bekommt!"

Zwei Tage später fuhren sie dann nach Masiphumelele. Pummele hatte wieder seinen Rucksack gepackt, sein T-Shirt angezogen, das Käppi auf dem Kopf. Ihm war ein wenig bang zumute – ob er die Herausforderung wohl packen würde? Aber es konnte ja wohl kaum der Sinn eines Bärenlebens sein, nur am Strand zu liegen und Honig zu schlecken. Leben war mehr! Und dazu gehörten auch die dunklen Seiten des Lebens! Und die herausfordernden! Kurz bevor sie in Masiphumelele ankamen, sagte Angelo noch: „Du, ich glaub', das wird spannend für dich – und ich denke, dass du da am richtigen Ort bist! Aber für alle Fälle gebe ich dir meine Handy-Nummer – wenn du nicht mehr weiterweißt, wenn du nicht mehr klarkommst, meld' dich!" Pummele schaute ihn dankbar an. Es war gut, so eine Nummer zu haben, die man im Notfall anrufen konnte. Und sehr sorgfältig legte er den kleinen Zettel, den Angelo ihm in die Tatze drückte, in das Seitenfach seines Rucksacks und zog den Reißverschluss ganz fest zu. „Danke, Angelo!", war alles, was er sagen konnte.

In dem Moment, als sie von der Hauptstraße nach Masiphumelele einbogen, war alles anders. Menschen standen auf den Straßen herum – klar, wer keine Arbeit hat und keinen Fernseher, der unterhält sich mit den Nachbarn. Überall spielten Kinder mitten im Dreck und Staub – mit Autoreifen, Blechtonnen, einigen Fetzen Stoff. Hunde liefen umher oder lagen irgendwo in der Sonne. Ein Huhn rannte protestierend mit drei Küken die Straße entlang – vielleicht der einzige Reichtum einer Familie. Alles wirkte irgendwie grau, armselig. In kleinen Wellblechhütten wurden Obst und Gemüse verkauft, und ein Friseur bot seine Haarschneid-Dienste auf der Straße an. Es gab keine Metzgerei, sondern nur einen Holztisch mit Wurst und Fleisch darauf ... Pummele sah keine Blumen – wo hätten sie auch wachsen sollen? Die Menschen brauchten den Platz zum Leben. Da gab es keine Weite, alles war eng. Und über-, überall rannten Kinder herum – und an jedem Verschlag, jeder kleinen Hütte war eine Wäscheleine gespannt, und Hosen, Hemden, Röcke, Blusen, Socken trockneten in der Sonne.

Pummele war sprachlos. So hatte er es sich wirklich nicht vorgestellt. Wie da wohl der Kindergarten sein würde?

Und dann bog das Auto links ab, bis sie schließlich vor einem kleinen Steinhaus anhielten. Auf der Mauer, die das

Grundstück begrenzte, waren ein Zebra und ein Elefant aufgemalt, viele bunte Blumen – und eine große, schöne Giraffe. Pummele schluckte einmal kurz – wie es Masi wohl ging? Aber dann kehrten seine Gedanken wieder ganz schnell nach Masiphumelele zurück.

Neben der Eingangstür gab es einen gemalten Engel mit zwei großen Flügeln – und den Namen „God's little angels" („die kleinen Engel Gottes"), so viel Englisch verstand Pummele inzwischen schon! Das Haus füllte eigentlich das Grundstück fast komplett aus. Nein, da gab es keinen Spielplatz für die Kinder, es war kein Raum dafür. Da gab es aber auch kein Stück Rasen, kein Beet, keine Blume – ja noch nicht einmal einen Grashalm! Pummele dachte kurz an den Kindergarten in St. Hildegard zurück – wussten die Kinder dort eigentlich, wie gut sie es hatten? Sie hatten einen riesengroßen Spielplatz, gleich nebendran war der Park – überall drumherum war es grün! Hier war drumherum alles grau – wenn man mal von den bunten Malereien auf der Mauer absah. Pummele griff nach der Hand von Angelo, einfach um zu spüren, dass er noch da war – und die beiden gingen zum Hintereingang. Eine schwarze, gemütlich aussehende Frau öffnete die Tür und schob ein Gitter zur Seite. „Hello, Angelo!", rief sie fröhlich – und Angelo sagte: „Hi Thembeka! Ich habe einen Gast mitgebracht!" Er schob Pummele nach vorne, und die beiden reichten sich ein wenig scheu die Hand. „Pummele, das ist Thembeka, sie leitet den Kindergarten hier – und das ist Pummele. Er kommt aus Deutschland, kann noch nicht so besonders gut Englisch – und er ist hier wegen der Kinder!" Thembeka bat die beiden herein – und da fühlte sich Pummele schon ein wenig wohler. Die Küche sah wirklich gut aus, ein großer Herd, ein Kühlschrank, eine Gefriertruhe … (Doch, da würde auch Rosi nichts auszusetzen haben!)

Dann kamen sie in den ersten kleinen Gruppenraum, und Pummele konnte es nicht fassen – waren es zwanzig oder gar dreißig Kinder, die sich da aufhielten? Der Raum war einfach voll mit Kindern, mit großen Augen, mit schwarzen Gesichtern und Händen und Füßen. Als die Kinder Angelo und Pummele sahen, verstummten sie und schauten sie ganz neugierig an – wer war das denn? Thembeka nutzte diese Stille und sagte: „Das ist Angelo aus Deutschland, und er hilft uns sehr – und das ist Pummele, und er kommt zu uns, weil er euch mag! Und jetzt zeigt mal Pummele, was ihr gelernt habt!"

Die Kinder stellten sich in Reihen auf, und auf ein Zeichen von Thembeka begannen sie zu singen. Pummele konnte es fast nicht glauben – das Lied kannte er doch!! Das hatten die Kinder in Viernheim doch auch immer gesungen: „Bruder

Jakob, Bruder Jakob …"! Klar, hier war der Text ein anderer, aber die Melodie war die gleiche! Könnte es vielleicht doch sein, dass Kinder überall auf der Welt gleich sind – auch wenn sie unterschiedliche Sprachen sprechen? Und in dem Moment ging es ihm gleich viel besser!

Er setzte sich gemütlich in eine Ecke des Raumes, stellte seinen Rucksack neben sich – und hörte einfach zu und schaute hin, was die Kinder ihren Besuchern zeigten. Und es war klasse! Ganz schnell war ihm klar: Singen und tanzen konnten die südafrikanischen Kinder eindeutig besser als die deutschen!

Und dann packte er die Luftballons aus – nahm sich einen, blies ihn auf, machte einen Knoten und ließ ihn mit einem leichten Schubs seiner Tatze fliegen. Die Kinder guckten vollkommen ungläubig – so was hatten sie in ihrem ganzen Leben noch nicht gesehen! Sipho, ein kleiner Junge, traute sich, den Luftballon zu fangen und festzuhalten und hielt ihn wie einen kostbaren Schatz fest. Er war durch nichts, aber auch durch gar nichts zu bewegen, ihn wieder herzugeben. Also blies Pummele einen nächsten Ballon auf und warf ihn in die Luft, und diesmal fing ihn Khanya auf – und hielt ihn fest …

Pummele sah, dass er so nicht weiterkam, und reichte kurzerhand je eine Tüte mit Ballons an Angelo und Thembeka weiter – und jetzt waren alle drei damit beschäftigt, Luftballons aufzublasen und in die Luft zu schlagen und aufzublasen und in die Luft zu schlagen und … Und dann irgendwann, als jedes Kind mindestens drei Luftballons fest im Arm hatte und gar keine Hand mehr frei hatte, flogen einige im Raum umher, grün, rot, gelb, blau – und plötzlich machte es „knall!" Und alle zuckten zusammen, es gab einen Moment entsetzten Schweigens – und dann lachten alle laut los!

„Okay", dachte Pummele vor sich hin, „Kinder sind Kinder – überall auf der Welt!" Und als Angelo und Thembeka kurz aus dem Raum gingen, um ein paar Sachen zu besprechen, blieb er einfach in seiner Ecke sitzen. Und auf einmal kam ein kleines Mädchen ganz vorsichtig auf ihn zu, blieb einen Schritt vor ihm stehen und schaute ihn an. Pummele schaute zurück – und sie machte einen Trippelschritt auf ihn zu. Und er streckte seine Tatze einladend aus – und das Mädchen näherte sich ihm vorsichtig mit seiner Hand. Pummele verhielt sich ganz ruhig und rührte sich nicht – und die Finger des Mädchens kamen näher und streichelten sanft über sein Fell. Und sie kam einen Schritt näher und noch einen, setzte sich schließlich neben ihn und legte ihren Arm um ihn. Und dann begann sie zu weinen. Pummele legte seine dicke Tatze um ihre Schulter und hielt sie einfach ganz fest und drückte sie ein wenig an sein Herz.

„Ja", dachte er in diesem Moment. „Jetzt weiß ich, warum ich hier bin. Geld ist wichtig, damit wir hier einen neuen Kindergarten bauen können, wo auch ein paar Blumen wachsen können und ein bisschen Gras. Luftballons und Buntstifte sind wichtig, um ein bisschen Farbe ins Leben zu bringen. Aber manchmal ist es vielleicht das Allerwichtigste, ein Stück Fell zur Verfügung zu stellen, damit sich andere ein wenig ausheulen zu können, dabeizubleiben, wenn alle anderen weggehen." Und er streichelte ganz sanft und lieb den Rücken von dem kleinen Mädchen, dessen Namen er noch nicht einmal kannte. Und unser großer, großer Bär musste sich doch kurz mit der Tatze über die Augen wischen – nein, ein großer Bär weint doch nicht!

Warum eigentlich nicht? Man kann ja auch weinen, weil man etwas ganz arg schön findet.

Und das tat Pummele in diesem Moment nun wirklich.

Als Angelo zur Tür hereinschaute, lagen schon drei kleine Kinder eng an den großen Bären gekuschelt und schliefen. Pummele legte seine Tatze warnend an den Mund, als wollte er sagen: „Pscht! Bloß nicht aufwecken!", und zwinkerte Angelo verschmitzt zu. Angelo schmunzelte und flüsterte dann leise: „Ich würde jetzt fahren, Pummele – wär' das okay für dich?" – „Klar", flüsterte der Bär zurück, „du siehst ja, ich werd hier gebraucht!" – „Mach's gut, Pummele – und ich guck' auf jeden Fall noch einmal nach dir und den Kindern, bevor ich wieder nach Deutschland fliege!" Pummele nickte und sagte nur: „Danke, Angelo!" – und Angelo wusste ganz genau, wie das gemeint war.

Ausflug nach Kapstadt

Pummele lebte sich rasch im Kindergarten in Masiphumelele ein. Genau wie in Viernheim gingen die Kinder abends nach Hause und kamen morgens wieder. Und den ganzen Tag über war mit den Kindern Trubel und Leben im Haus. Sie mochten Pummele sehr und erzählten ihm, wenn sie etwas ganz Trauriges oder etwas sehr Schönes erlebt hatten. Sie spielten mit ihm und führten vor, was sie Neues gelernt hatten. Die Verständigung klappte eigentlich ganz gut – Masi hatte recht gehabt: Sein Bärisch wurde von allen prima verstanden. Untereinander sprachen die Kinder vor allem XKosa, eine der einheimischen Sprachen mit ganz lustigen Klicklauten, bei denen Pummele immer schmunzeln musste. Und dann konnten alle miteinander natürlich noch ein paar Brocken Englisch. Aber all das war eigentlich nicht wirklich wichtig – lachen und weinen, das ist eine Sprache, die in allen Ländern der Welt gesprochen wird. Und ein strafender Blick von Thembeka oder ein Augenzwinkern von Pummele brauchten auch keine Worte.

Am Abend schlief Pummele auf einer der Decken, auf der am Tag die Allerkleinsten lagen. Manchmal hörte er Thembeka noch ein wenig herumräumen, sie schlief im 1. Stock. Und von draußen kamen die nächtlichen Geräusche der Umgebung zu ihm herein: Gespräche, Gelächter, das Bellen von Hunden, manchmal Trommeln und rhythmische Gesänge, immer wieder aber auch Schreie, die Sirene eines Krankenwagens oder der Polizei und ab und an ein kurzer, scharfer Knall – vielleicht ein Schuss? Die Nächte hier waren nicht ungefährlich – und Pummele war inzwischen ganz froh über die Gitter vor den Fenstern … da war er in Sicherheit. Und er hoffte nur, dass keinem der Kinder etwas passierte!

Manchmal war es abends aber auch ganz ruhig. Und dann dachte Pummele an die Kinder in Viernheim und an Ursula und Tanja – und natürlich an Masi, die bildschöne Giraffe. Und dann konnte es schon sein, dass er ein ganz klein bisschen Heimweh bekam und die eine oder andere Träne das Fell herunterkullerte. Dann nahm er Mirko

in seine Arme, streichelte ihn ein bisschen – und dachte
einfach an Masi. Manchmal war es ihm, als ob Masi genau
in diesem Moment auch an ihn dachte – und dass sie ganz
nah beieinander waren, auch wenn sie 12.000 Kilometer
voneinander entfernt waren.

An einem Abend aber nahm Thembeka Pummele an
die Seite: „Du, morgen machen wir einen Ausflug!"
– „Einen Ausflug?", fragte Pummele zurück. „Ja", sagte
Thembeka, „wir fahren mit allen Kindern nach Kapstadt ins
Aquarium!" – „Ins Aquarium? Nach Kapstadt?" Pummele
kam aus dem Staunen gar nicht mehr heraus: „Ja, haben wir
denn das Geld dafür?" Denn das hatte er hier schon gelernt
– Geld zum Ausgeben war immer viel zu wenig da! „Ja,
Angelo zahlt es, er hat in Deutschland Spenden dafür
bekommen. Und eine Gruppe von Schülern aus England
wird morgen hier alle Räume frisch streichen – und
damit wir ihnen nicht im Weg herumstehen, machen wir
einen Ausflug! Und wenn wir abends zurückkommen,
ist alles frisch und sauber renoviert!" Jetzt war Pummele
aber wirklich neugierig – was würde man denn in dem
Aquarium zu sehen bekommen?
Am nächsten Morgen standen zwei große Busse vor dem
Kindergarten – und die Kinder suchten sich mit Hilfe

von Thembeka und einigen Müttern einen Platz im Bus. Pummele staunte: Noch nie hatte er die Rasselbande so still und kleinlaut erlebt – aber dann verstand er: Es war ja alles neu für sie! Und wahrscheinlich ging es ihnen jetzt genauso wie ihm damals im Flugzeug! Dann wurden noch die Getränke verstaut und zwei große Kisten mit Essen für das Mittagspicknick. Pummele stand noch vor dem Bus, als ihn plötzlich Sinazo, ein kleines Mädchen, am Ärmel zupfte: „Pummele, was ist ein Aquarium? Wo fahren wir da eigentlich hin?" – „Weißt du, es gibt Land und Meer. Land, das ist das, wo wir Menschen leben – aber drumherum gibt es ganz viel Wasser, und da leben andere Tiere als hier an Land. Und in einem Aquarium können wir uns die Tiere anschauen, die im Wasser leben!" Sinazo schaute ihn mit großen Augen an … also, gehört hatte sie zwar schon, was Pummele ihr da erklärte, aber vorstellen konnte sie es sich trotzdem nicht!

Im Kindergarten in Deutschland hatte es auch ein Aquarium gegeben, ein kleines nur, aber Pummele hatte es sehr gemocht und hatte oft davorgestanden und den Fischen zugesehen.

Als die Busse Masiphumelele verließen, veränderte sich schlagartig alles: Aus grau wurde bunt, aus unbefestigten Wegen wurden vierspurige Straßen mit Asphalt, aus

Wellblechhütten wurden kleine, schmucke Häuser mit einem Garten davor. Die Kinder klebten mit ihren Händen an den Busfenstern und drückten sich die Nasen daran platt. Und noch immer war es beängstigend ruhig in dem Bus, in dem er mitfuhr – bis Thembeka schließlich ein Lied anstimmte und alle Kinder fröhlich einfielen. Und so fuhren zwei Busse, voll mit Kindern und voll mit Gesang, schließlich in Kapstadt ein.

Als sie am Aquarium angekommen waren, teilten sie die Kinder in Gruppen zu jeweils zehn auf, und jede Gruppe hatte einen Begleiter – unvorstellbar, wenn sie eines der Kinder hier in Kapstadt verlieren würden!

Und dann zogen sie los!

Es war wunderbar!! Die Kinder kamen aus dem Staunen gar nicht mehr heraus! Da gab es Fische in allen Formen und Farben, rot, gelb und blau, die elegant durch das Wasser

flitzten. Da gab es alle möglichen Pflanzen, die sich sanft
im Rhythmus des Wassers wiegten. Da gab es ganz dunkle
Fische, die einfach am Boden lagen – und Korallen, die
bunt verzweigt anderen Tieren eine Heimat boten. Da gab
es Krebse und Muscheln und Quallen. Und ganz besonders
liebten die Kinder die kleinen Seepferdchen, die grazil und
mit großen Augen die Kinder anschauten. Da gab es ein
Becken mit Pinguinen und ein anderes mit Seehunden, die
fröhlich zwischen Wasser und Land hin und her wechselten.
Und auch Pummele war vollkommen gebannt. Klar, Angelo
hatte ihm damals im Flieger erzählt, wie wunderschön und
wie reich diese Welt der Meere war – aber vorstellen hatte
er es sich nicht können! Und ganz dunkel erinnerte er sich
an ein Gespräch mit dieser Schriftstellerin damals in der
Kirche: „Gott hat all das erschaffen!" – wie groß und wie
vielfältig und wie bunt musste dieser Gott dann sein!

Aber der Höhepunkt sollte erst noch kommen! Als ob sie
sich insgeheim verabredet hätten, fanden sich alle Gruppen
fast gleichzeitig in dem gläsernen Gang ein, der in ein
riesengroßes Aquarium hineingebaut worden war. Links,
rechts, oben, um sie alle herum war nur Wasser. Sie standen
mitten in einem Wald von langen Tangpflanzen, die sich
leise hin und her bewegten. Überall waren Fische, Korallen,

Muscheln – und auch der eine oder andere Hai schwamm kraftvoll vorbei. Im Hintergrund war leise Musik zu hören … und sogar der größte Rabauke kam in diesem Moment auf keine dummen Gedanken mehr. Alle waren ein wenig wie verzaubert …

Am Ausgang des Aquariums fanden sich dann allmählich alle wieder ein. Pummele hatte die Zeit genutzt und eine Ansichtskarte und eine Briefmarke gekauft. Eilig kritzelte er einen lieben Gruß an Masi darauf:

Liebe Grüße an euch alle aus Südafrika!
Es ist sehr schön hier! Hast du gewusst, dass es unter Wasser auch Urwälder gibt?

Er überlegte einen Moment, aber dann schrieb er doch weiter:

Ich vermisse dich sehr! Geht es dir gut? Pummele

Und mit seiner großen Bärenhandschrift war die Karte damit auch schon mehr als voll.
Als Adresse schrieb er:

Masi-Giraffe
Kindergarten St. Hildegard
Viernheim
Deutschland

Damit müsste sie wohl ankommen …

Schließlich waren wieder alle Kinder glücklich im Bus
verstaut – und dann fuhren sie an eine ruhige Bucht am
Meer und machten Picknick. Und man mag es kaum
glauben – aber viele der Kinder waren auch zum ersten
Mal am Meer! Und sie zogen Schuhe und Kleidchen und
die langen Hosen aus und rannten den Wellen entgegen,
sprangen hoch – und quietschten, wenn sie nass wurden. Sie
bauten Burgen aus Sand – und waren einfach nur glücklich!
Und Pummele saß wieder mal auf einem Felsen am Meer,
aber diesmal schaute er nicht auf die Wellen, sondern
sah den Kindern zu – und dachte: „Eigentlich ist es ganz
einfach, Kinder glücklich zu machen. Gib ihnen zu essen
und zu trinken, schenke ihnen Farben, Musik, Wörter,
eine Welt, die es zu entdecken gilt – und dann, wenn sie
es brauchen, ein Stück Fell, an das sie sich ankuscheln
können."

Am späten Nachmittag waren dann alle wieder in
Masiphumelele zurück – die Kinder müde, weil sie so voller
Eindrücke waren, und die Erwachsenen geschafft, aber
glücklich.

Pummele stand noch einen Moment vor der Tür und schaute zum klaren Sternenhimmel empor – und ließ den Tag in sich nachwirken. Es war ein schöner Tag gewesen! Und ganz zaghaft sagte er vor sich hin: „Wenn du das alles wirklich erschaffen hast, Gott, dann sag' ich einfach danke! Es ist toll, was du gemacht hast!"

Und als er sich umdrehte, um ins Haus hineinzugehen, da sah er, wie am Horizont ganz langsam der Vollmond aufstieg und sich sein silbernes Licht über Masiphumelele ausbreitete.

„Schlaf gut, Masi! Ich denk' an dich!"

Ein unerwarteter Telefonanruf

Eines Tages klingelte bei Thembeka
in der Küche das Telefon. Angelo war dran und wollte
einiges mit der Leiterin klären. Und dann bat er darum,
noch kurz mit Pummele reden zu können. Thembeka rief
den Bären, und ganz aufgeregt griff er nach dem Hörer. Ihn
hatte noch niemand hier angerufen!
„Hallo, Angelo!", brummte er. „Wie geht's?" – „Alles okay!
Und bei dir?", fragte der Pfarrer zurück. „Hier bin ich am
richtigen Platz", sagte Pummele nachdenklich, „aber ich
hab' schon noch ein paar Fragen!" – „Das hab' ich mir ge-
dacht, Pummele. Was hältst du davon – ich fliege Ende der
Woche zurück nach Deutschland, hast du Lust, morgen
Abend zu uns rauszukommen? Ich hol' dich ab und bring'

dich auch wieder hin!" – „Oh!", brummelte der Bär
schüchtern. „Ich würde mich sehr freuen!"

Als Pummele den Hörer auflegte, war er richtig glücklich.
Ja, die Kinder hier lagen ihm sehr am Herzen, sie brauchten
ihn, er war sehr gerne hier. Aber vieles verstand er auch
nicht – meistens ging er mit einem bärischen Augenzwinkern
drüber weg. Vielleicht könnte Angelo ihm da helfen?
Immerhin war er in diesem Land aufgewachsen …

Und er erinnerte sich oft an die Kinder in Viernheim – und
er dachte jeden Abend an Masi. Wie es ihr wohl ging? Die
Abende hier waren manchmal sehr einsam – und Pummele
freute sich richtig, morgen Abend bei Angelo zu sein. Und
so ging er zu den Kindern zurück – und summte leise und
fröhlich vor sich hin. Dann hielt er plötzlich inne: Angelo
flog nach Deutschland zurück? Ob er dann vielleicht etwas
mitnehmen könnte? Für die Kinder, für Masi? Aber was
sollte er ihm mitgeben? Pummele dachte an den Ausflug
nach Kapstadt in das Aquarium – das war bestimmt etwas,
worüber die deutschen Kinder staunen würden, so was
hatten sie noch nie gesehen! Aber er konnte Angelo ja
schlecht eine Plastiktüte mit Seepferdchen mitgeben …
obwohl sogar Pummele schmunzeln musste, wenn er sich
vorstellte, wie Angelo im Flieger sorgsam ein großes Glas
mit Seepferdchen balancieren würde, um alle Luftlöcher

auszugleichen. Aber wenn die Kinder das einfach malen
würden, was sie dort gesehen hatten? Und Angelo würde
dann die Bilder mitnehmen? Und vielleicht konnte er
am Strand noch ein paar Muscheln sammeln – und die
allerallerschönste für Masi mitgeben? Das müsste doch
gehen!

Und so trabte er zu Thembeka zurück und bat sie, den
Kindern Zeichenblöcke und Buntstifte zu geben, und nach
fünf Minuten saßen alle Kinder irgendwo auf dem Boden
– und waren ganz konzentriert dabei, etwas von dem, was
sie auf dem Ausflug erlebt hatten, mit bunten Farben aufs
Papier zu bringen.

Es entstanden wunderschöne Bilder, mit kleinen und
großen Fischen, den Pflanzen und den Korallen. Das
allerallerschönste Bild aber hatte Babalwa gemalt: Auf
der linken Hälfte war er, Pummele, zu sehen, wie er vor
einem Aquarium stand – und auf der rechten Seite hatte
Babalwa ganz viele kleine Seepferdchen gemalt, die in dem
Aquarium lebten. Das war wirklich ein ganz tolles Bild
geworden – und das würde er Masi geben!

Als Angelo am nächsten Abend mit seinem Auto vor
dem Kindergarten hielt, hatte Pummele neben seinem
Rucksack auch eine große Rolle mit all den Bildern in der

Tatze, die die Kinder gemalt hatten. „Was hast du denn da, Pummele?", fragte Angelo interessiert, nachdem er den großen Bären herzlich umarmt hatte. „Die Kinder haben Bilder gemalt von den Fischen im Aquarium – und wir wollten dich fragen, ob du sie nach Viernheim mitnehmen kannst?" – „Klar, das kann ich gerne machen!", sagte Angelo. „Das find' ich eine tolle Überraschung!" – „Und ich hab' noch eine Idee!", sagte Pummele eifrig. „Denkst du, wir könnten nachher noch mal am Meer anhalten und ein paar Muscheln sammeln? Und würdest du die auch mitnehmen?" – Angelo lächelte und nickte.

Am Abend saßen die beiden noch lange auf dem Balkon zusammen. Pummele genoss es sehr, das Meer zu sehen und zu riechen – und es war einfach schön, mit Angelo zusammen zu sein.

„Wie geht es dir denn in Masiphumelele?", fragte Angelo schließlich. „Ganz gut", sagte der Bär, „die Kinder sind alle ganz lieb zu mir … und Thembeka macht sich sehr viel Mühe. Aber …" – „Was aber?", fragte Angelo behutsam nach. „Aber es gibt gar kein Fußballtor und keine Klettergerüste und kein Bällebad und …" Pummele vermisste all die bunten lustigen Spielsachen, die er aus Viernheim kannte – die Kinder hier würden sich so freuen, wenn sie so etwas hätten! Angelo verstand den Bären gut: „Ja, du hast vollkommen Recht, Pummele. Es gibt noch viel zu tun. Aber immerhin haben wir schon mal angefangen. Und die Kinder in unserem Kindergarten hier bekommen regelmäßig zu essen, sie lernen etwas und sind von der Straße weg. Das ist schon eine ganze Menge." Pummele war noch nicht so ganz überzeugt. Angelo probierte es noch einmal: „Schau, Pummele – wie viele Kinder kannst du gleichzeitig im Arm halten?" Der Bär schaute etwas verdutzt, überlegte kurz, dann sagte er: „Ich glaube, drei!" – „Aber wenn jetzt ein kleines Mädchen ganz, ganz traurig ist?" – „Dann brauch' ich beide Tatzen für sie!", sagte der Bär. „Links halt' ich sie fest – und rechts streichle ich sie ein wenig!" – „Siehst du, das meine ich. Du kannst auch nicht alle Kinder gleichzeitig festhalten, sondern nur eins oder vielleicht drei. Aber die drei Kinder sind dann ein wenig fröhlicher – und wer weiß, vielleicht können sie ihre Freude dann wieder an Kinder weitergeben, die keinen Bären wie dich haben!" – „Das heißt, wir bräuchten eigentlich mehr Bären?!", sagte Pummele nachdenklich. Angelo musste lachen: „Na ja, so kann man es schon sagen. Und wir bräuchten mehr Kinder in Deutschland, die sich für arme Kinder überall auf der Welt einsetzen – und die einfach irgendwo anfangen!"

Einen Moment schwiegen beide. Dann sagte Pummele ganz unvermittelt: „Angelo, ich hab' noch eine ganz andere Frage." – „Und welche?" – „Sag mal, in Deutschland haben Masi und die Kinder immer erzählt, dass es hier in Afrika Löwen und Elefanten und Zebras gibt. Aber ich habe noch keines von den Tieren gesehen – nur die Affen klettern überall herum!" – „Ja, die Affen sind eine richtige Plage geworden. Aber Löwen und Giraffen leben auch nicht hier in der Stadt – genauso wie in Viernheim auch keine Rehe und Hirsche leben. Die sind draußen in den Wäldern – oft weit weg von den Menschen. Und das ist hier genauso. Löwen und Elefanten leben im Busch. Wenn du magst, nehm' ich dich mal mit, wenn ich das nächste Mal hier bin, damit du auch diesen Teil von Afrika siehst!" Pummeles Augen strahlten: „Ach, das wäre schön, Angelo, da wäre ich sehr neugierig!" – „Dann machen wir das! Übrigens, brauchst du noch was, was ich das nächste Mal von Deutschland mitbringen soll?" Pummele überlegte einen Moment, dann sagte er: „Könntest du vielleicht einen Fußball mitbringen?" – „Einen Fußball?" – „Ja", sagte Pummele, „immer nur mit Dosen kicken finde ich doof!" „Klar, ich kann einen Fußball mitbringen.", sagte Angelo „Aber wo willst du denn mit dem spielen?" Aber Pummele hatte gut nachgedacht: „Neben dem Kindergarten gibt es

doch die kleine Sackgasse. Da fährt tagsüber kein Auto …
und wenn wir erst mal den neuen Kindergarten haben, da
haben wir bestimmt irgendwo eine Ecke, wo wir ein Tor
hinstellen können!" – „Ja, das versprech' ich dir, Pummele,
beim neuen Kindergarten bekommt ihr ein Tor, wo ihr
üben könnt! Bis dahin müssen wir in Deutschland noch
viel Geld sammeln … aber eines Tages wird dort ein neuer
Kindergarten stehen!"

Am nächsten Morgen brachte Angelo den Bären wieder
in den Kindergarten nach Masiphumelele. Er selbst flog
einige Tage später wieder nach Deutschland zurück, um den
Kindern dort von den Abenteuern des Bären in Südafrika
zu erzählen, und im Gepäck hatte er die wunderschönsten
Muscheln, die sie am Strand hatten finden können – und
ganz, ganz viele Bilder mit Fischen, rot, gelb, blau, und
Seepferdchen und Muscheln und Korallen und …

Und Pummele stand an diesem Morgen, als Angelo flog, an
der Mauer des Kindergartens in Masiphumelele, winkte mit
der Tatze dem Flugzeug nach und dachte nur: „Was man als
Sperrmüll-Bär doch so alles erlebt …!"

Und dem bleibt nichts hinzuzufügen!

Lieber Leser, liebe Leserin,

ja, es ist eine wahre Geschichte, diese Geschichte von Masi und Pummele. Es gibt diese wunderschöne Giraffe, die von den Kindern in unserer Kindertagesstätte geschaffen wurde. Ich habe diesen Bären tatsächlich aus dem Sperrmüll herausgefischt. Es gab das Bade-Ereignis, das Fußballturnier und den Erntedankgottesdienst – und sogar noch einiges mehr. Und unser Pfarrer, Angelo Stipinovich, ist wirklich mit diesem großen Bären nach Südafrika geflogen. Pummele lebt jetzt in unserem Partnerschaftskindergarten in Masiphumelele.

Ich habe keine Ahnung, was er jetzt dort erlebt – ich werde ihn demnächst mal besuchen und nachhören.

Klar ist: Es braucht diese Partnerschaften zwischen Nord und Süd, zwischen einem Kindergarten in Viernheim und einem Kindergarten in einem Township südlich von Kapstadt. Irgendwo muss man anfangen. Und wenn viele irgendwo anfangen, dann kann und wird sich das Gesicht dieser Welt verändern. Und wir müssen bei den Kindern anfangen – denn sie sind die Zukunft unserer Welt, hier in Deutschland und in Südafrika.

Wenn Sie mehr über unser Partnerschaftsprojekt in
Masiphumelele erfahren möchten, wenden Sie sich bitte
an Pfr. Angelo Stipinovich, Kath. Pfarramt, Kettelerstr. 63,
68519 Viernheim, Tel. 06204/607660. Wir sind dankbar für
jede Unterstützung – und die kann bereits damit beginnen,
dass Sie Kindern diese Geschichten vorlesen. Und vielleicht
kann dann noch der eine oder andere Bär nach Südafrika
fliegen – und Kinder entscheiden sich, Kindern zu helfen.

Und wer weiß, vielleicht kommt dann eines Tages ein
Elefant oder ein Zebra aus Südafrika nach Deutschland …

Danke fürs Zuhören,

Andrea Schwarz

Vorlesevergnügen für Groß und Klein

Ingrid Uebe
Ein Jahr voller Engel
17,0 x 24,0 cm | 96 Seiten
Gebunden
ISBN 978-3-451-70919-7

12 Geschichten von Januar bis Dezember, in denen freche Engel die Hauptrolle spielen: mal als Retter in der Not, mal als kleine Tölpel, denen auch nicht immer alles gelingt. Ein unterhaltsames Vorlesebuch für die ganze Familie von der bekannten Kinderbuchautorin Ingrid Uebe mit fröhlichen Bildern von Anna Karina Birkenstock.

Antonia Michaelis
Schokolade am Meer
17,0 x 24,0 cm | 96 Seiten
Gebunden
ISBN 978-3-451-70882-4

Herrlich skurrile Geschichten zum Vorlesen. Wenn Nikla und Papa am Sonntag ins Café gehen, dann gibt es für Nikla Schokolade, für Papa Kaffee und für beide eine Geschichte. Denn wenn man genau hinsieht, steckt in jedem noch so unscheinbaren Ding eine herrliche Idee.

In allen Buchhandlungen oder unter www.kerle.de

© KERLE
in der Verlag Herder GmbH, Freiburg im Breisgau 2010
Alle Rechte vorbehalten
www.kerle.de

Umschlaggestaltung und Satz: Uwe Stohrer Werbung, Freiburg
Herstellung: fgb · freiburger graphische betriebe
www.fgb.de

Gedruckt auf umweltfreundlichem, chlorfrei gebleichtem Papier
Printed in Germany

ISBN 978-3-451-70968-5

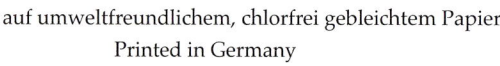

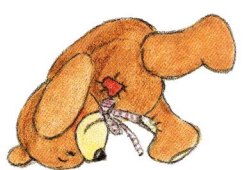